Câncer
Medicina e Milagres

Dr. Renato Mayol

Câncer
Medicina e Milagres

© Publicado em 2015 pela Editora Isis.

Editor Responsável: Gustavo Llanes Caballero
Revisão de textos: Rosemarie Giudilli
Diagramação e capa: Décio Lopes

Dados de Catalogação da Publicação

Mayol, Renato

Câncer – Medicina e Milagres/Renato Mayol | 1ª edição | São Paulo, SP | Editora Isis, 2015.

ISBN: 978-85-8189-076-0

1. Medicina 2. Literatura Brasileira I. Título.

Proibida a reprodução total ou parcial desta obra, de qualquer forma ou por qualquer meio seja eletrônico ou mecânico, inclusive por meio de processos xerográficos, incluindo ainda o uso da internet sem a permissão expressa da Editora Isis, na pessoa de seu editor (Lei nº 9.610, de 19.02.1998).

Direitos exclusivos reservados para Editora Isis.

EDITORA ISIS LTDA
www.editoraisis.com.br
contato@editoraisis.com.br

*Dedico a todos que,
com sorriso, paciência e otimismo,
suportam as provações da perene luta contra a morte,
mantendo acesa a Vida que não teve começo e nunca terá fim.*

Sumário

	Prefácio	9
I	Câncer tem cura?	11
II	Fatores de risco e prevenção	17
III	Sintomas, sinais e diagnóstico	35
IV	Leucemias	45
V	Importância do médico oncologista	53
VI	O dilema do diagnóstico	59
VII	Cirurgia	63
VIII	Hormônioterapia e quimioterapia	73
IX	Radioterapia	83
X	Imunoterapia	89
XI	Métodos alternativos de tratamento	99
XII	Pesquisa	103
XIII	Vontade de viver ou desejo de morrer	111
XIV	Curas milagrosas	117
XV	Visualização curativa	125
XVI	Médicos de uma nova era	131
XVII	Fronteiras	139
XVIII	Conhecimento	149
XIX	Autoconhecimento	157
XX	Meditação	167
XXI	Concordâncias	173

Prefácio

Neste livro, Dr. Renato Mayol faz uma análise dos vários aspectos do câncer que muito deverá ajudar os que já convivem com essa doença, e a todos em geral, porque ele resolveu focar seus instrumentos de trabalho não só na célula cancerosa, mas no próprio homem, indo buscar no seu interior, naquilo que o constitui, as causas da doença.

De forma simples e agradável, com o seu profundo conhecimento nesta área e sua extrema sensibilidade, Dr. Mayol mostra como enfrentar o câncer, quais as formas de evitá-lo, quais os tratamentos.

Para isso ele analisa a doença em sua forma mais íntima, a nível físico, primeiro, e depois, em um nível mais sutil, na fronteira ciência-filosofia.

Se formos capazes de orquestrar as vibrações dos elementos da matéria, poderemos afinar a célula ou as células doentes, fazendo com que passem novamente a vibrar em harmonia com as células sãs. E quando formos capazes de orquestrar todas as vibrações, então o organismo vibrará em uníssono e desta forma se integrará com a frequência vibratória universal, diz o Dr. Mayol.

De coração aberto, sem receio das críticas, Dr. Mayol deu o melhor de si para esclarecer, informar, acordar as pessoas de um sono talvez mortal. Acima de tudo, porém, está o fato de que à credibilidade do cientista se associa a do paciente. Ele, Dr. Mayol, sentiu a morte próxima. Vítima de um acidente, em seus trabalhos de laboratório em torno da leucemia, conseguiu curar-se por meio de estímulos e mecanismos mentais que só mais tarde viria a entender plenamente. E é esse conhecimento que Dr. Mayol oferece ao leitor, pois é a chave que irá permitir-lhe abrir as portas de uma nova vida, sem medo e sem doenças.

O editor

Capítulo I

Câncer tem cura?

Certa vez, o general Charles de Gaulle perguntou ao Dr. Georges Mathé, eminente cancerologista francês: Professor, o câncer tem mesmo cura? Ao que, Mathé lhe respondeu: O câncer tem cura, porém jamais soube de alguém que tivesse se curado da estranha doença chamada "vida"! Atualmente, o câncer ainda é uma doença grave, porém, na maioria dos casos, quando diagnosticado precocemente e tratado adequadamente, o câncer pode ter cura, não sendo poucos os pacientes que sobrevivem aos seus médicos, familiares e amigos. Para tanto, além de um bom medico, a participação do paciente no seu tratamento é um dos elementos fundamentais para a cura.

No homem, emoções e sentimentos provocam consequências orgânicas positivas ou negativas em relação direta com a natureza dessas emoções e sentimentos. Assim, do mesmo modo como alguns fatores psicológicos podem contribuir para o desencadeamento do processo tumoral (por exemplo, a ocorrência de crises emocionais com grande sensação de vazio interior e com falta de significado em relação à própria existência), outros tantos podem contribuir para a regressão do câncer, em especial, o desejo de o paciente querer sarar para concretizar algo que lhe é muito caro.

O paciente deve focalizar a sua atenção nos inúmeros casos de cura através da cirurgia, da radioterapia e da quimioterapia. Deve também inteirar-se dos casos de cura espontânea, dos quais, tanto na literatura cientifica quanto na leiga, existem vários relatos, em sua maioria associados a preces e a profundas experiências psicológicas. E quase todos os casos tiveram a determinação do paciente em vencer a doença.

Na análise dos vários aspectos do câncer, o médico deve focalizar a atenção não só a nível físico, nas células alteradas, mas no próprio paciente, em um nível mais sutil, visto que cada paciente tem não só a sua própria constituição genética, mas também a sua própria personalidade e crenças, decorrendo disso diferentes respostas a um mesmo tipo de tratamento e a necessidade de tratamentos personalizados.

Sabemos que o tratamento pode deslanchar o processo inicial de cura que, depois, é mantido por mecanismos outros, ainda não bem conhecidos, e que, talvez, dificilmente o venham a ser, se teimarmos em empregar apenas o microscópio e os cincos sentidos na sua busca.

A esse respeito o Dr. William Osler (1849-1919), eminente clínico e professor, apontado como o pai da Medicina Moderna, costumava ensinar: "*Em um prato da balança coloque todas as farmacopeias do mundo e no outro a simples fé, e os pesados volumes serão por ela superados. De fato, em todos os tempos a reza com fé curou doentes sendo que a atitude mental do suplicante parece ser fator de enorme importância na obtenção da cura.*" (in *Aequanimitas* – coletânea de discursos publicados em 1904).

Isso nos leva a considerar o efeito placebo, que é o que ocorre quando um placebo, ou seja, uma substância inerte e inócua sem propriedades farmacológicas, apresenta, em alguns pacientes, surpreendentes efeitos terapêuticos.

O mecanismo do efeito placebo ainda não é bem compreendido, daí haver várias teorias que procuram explicar como isso acontece.

De um modo geral, supõe-se que seriam mudanças em certas áreas do cérebro que influenciariam o sistema nervoso, o sistema hormonal e o sistema imunológico.

E o que provocaria tais mudanças?

Aparentemente seria a fé do paciente de que a substância ou o tratamento que lhe é administrado lhe propiciará a cura.

A fé pode ser definida como um sentimento de absoluta confiança a respeito da realização do que se espera, ou do que seja em que firmemente se acredita, sem nenhuma duvida e sem nenhuma necessidade de qualquer tipo de evidência que comprove a veracidade sobre a qual é depositada essa confiança. Portanto, não é necessário ser religioso para nutrir um sentimento de fé. A fé existe em maior ou menor grau em cada um de nós. Ela vem do corpo mental, cujas criações são processadas pelo cérebro e executadas através das glândulas endócrinas e do sistema imunológico. À diferença do corpo físico, o corpo mental não está sujeito ao código genético.

Portanto, na origem de qualquer doença encontra-se também, aliada ou não aos outros dois importantes fatores causais (maus hábitos higiênicos e maus hábitos alimentares), a participação da mente, através do cérebro, o quartel general das boas e más ações, capaz de agir no corpo pela produção de hormônios e de outras substâncias, ora aliviando, ora causando algum mal-estar, de acordo com nossos pensamentos e estados emocionais.

No início, pode ser uma vaga sensação de inquietude, de ansiedade, de falta de paz interior, acompanhada de distúrbios funcionais tais como dor de estômago, dor de cabeça, agitação, insônia, inapetência, cansaço e mais tantos outros sintomas. Com o persistir da desordem funcional começam a aparecer manifestações físicas da doença que podem ir desde um simples furúnculo até um câncer!

Considerando-se a participação da mente no desequilíbrio físico do indivíduo, para reverter o quadro, é necessário que o próprio indivíduo se conscientize de que algo está errado com ele, não só a nível físico, mas também a nível mental e é necessário que ele deseje corrigir isso com todo o seu querer, encontrando em si mesmo as forças necessárias à sua cura.

A participação do paciente inicia-se a partir do momento em que ele passa a sentir um forte desejo consciente de sarar, principalmente se recebendo a cura, ele alcance, através do seu trabalho e esforço em estado de saúde, um objetivo muito almejado. Deve existir um intenso desejo de querer ficar bem para concretizar algo, cuja realização em si seja causa de grande motivação para o paciente.

A mente é um fator poderoso no combate às doenças e se nós não a empenharmos a nosso favor, ela estará sendo deixada de lado e entregue à depressão, à perda da vontade de viver, à angústia, ao medo e ao desespero.

Assim, na luta contra o câncer, o paciente não deve se comportar como uma vítima indefesa e passiva, mas deve assumir a sua parte da responsabilidade no tratamento, concentrando toda a sua energia e seus esforços contra a doença. A busca da cura será então centralizada, pois o paciente passará a buscá-la dentro de si, trazendo assim, mais um fator para vencer essa luta. Talvez, o fator mais importante!

Em alguns países, não é raro os pacientes se reunirem em associações onde, além da difusão de avanços médicos e tecnológicos que lhes permitam enfrentar melhor o dia a dia, têm como outra importante finalidade fazer com que os conhecimentos adquiridos na vivência de cada um sejam comentados, servindo de exemplo e de estímulo para outros com problemas semelhantes.

Dessa forma, enquanto o corpo estiver sendo submetido a todos os tratamentos médicos necessários, o paciente por si, além de passar a adotar saudáveis hábitos higiênicos e alimentares, deverá também adotar saudáveis hábitos mentais, empreendendo passeios frequentes pelos caminhos de um estado superior de consciência e de autoconhecimento, que são os caminhos da Alma. Com isso, a Medicina passa a atender aos anseios de Platão, que clamava por médicos que cuidassem não só do corpo, mas também da Alma. E a meditação é o caminho para isso.

Ademais, se ao médico compete o diagnóstico e o tratamento, o prognóstico, com, sem, ou apesar do médico, cabe a Deus. E os melhores médicos são os que acreditam em milagres.

Capítulo II

Fatores de risco e prevenção

Câncer é um termo genérico dado a qualquer tipo de proliferação anormal de células, de forma desordenada e rápida, diferenciando-se do tecido de origem, ultrapassando os seus limites e disseminando-se primeiro pelas estruturas vizinhas e depois pelo resto do organismo. A palavra câncer, de origem latina, significa caranguejo e foi dada porque a massa tumoral infiltrando o tecido sadio forma uma figura que lembra um caranguejo.

A célula cancerosa levada pelo sangue a outro órgão mais distante, ali pode se instalar, passando a reproduzir-se, formando outro tumor, que é a metástase. É nessa disseminação do tumor primitivo, dando origem a metástases, que reside toda a gravidade dessa doença, pois, a partir de uma única célula cancerosa, todo o organismo pode vir a ser gravemente afetado. Portanto, quanto mais cedo se detectar o câncer, maior será a chance de cura do paciente.

Visto que a multiplicação desordenada da célula doente é relacionada com os mecanismos de sua reprodução, os quais dependem do seu material genético, segue-se que, para o câncer instalar-se, algo deve desarranjar o material genético da célula fazendo com que ela, após sofrer alterações, comece a multiplicar-se rápida e desordenadamente.

Em mais de 95% dos casos essas alterações acontecem ao longo da vida e não são transmitidas para os filhos. Nos poucos casos em que algum gene defeituoso é transmitido aos filhos, é a predisposição genética que será herdada e não o câncer.

Os filhos que receberem o gene defeituoso poderão ou não desenvolver a doença, dependendo da sua suscetibilidade aos fatores de risco. E, com tantos fatores de risco a nos cercar, mesmo os filhos que não tiverem recebido os genes alterados, poderão vir a ter câncer.

Dessa forma, procedimentos radicais baseados em extirpação de órgãos tais como, mamas, ovários, partes do intestino ou tireoide para prevenir o aparecimento de câncer nesses órgãos, com base em testes genéticos, história familial, e uma probabilidade estatística de poder vir a ter o tumor, são decisões muito sérias que devem ser tomadas apenas pelo próprio paciente, após ouvir a opinião criteriosa de oncologistas e de especialistas em aconselhamento genético. E naqueles casos onde a retirada de um órgão específico vai de fato reduzir em muito o risco de ter, por exemplo, um câncer de mama ou de ovário, isso não vai impedir o câncer em algum outro órgão.

O período entre o desarranjo celular e o inicio da proliferação anormal depende dos vários fatores capazes de regular a reprodução da célula, tais como o estado imune, o estado hormonal, a idade, e o estado nutricional do individuo.

A importância de se saber isto está no fato de que, sejam quais forem os fatores de risco que podem levar ao aparecimento do câncer, para ele poder expressar-se, existe também a necessidade da concomitância de deficiências imunológicas, distúrbios endócrinos ou erros alimentares.

Por isso tumores aparentemente iguais na aparência podem ser completamente diferentes em sua evolução, havendo casos muito agressivos e outros mais brandos, na dependência de fatores às vezes difíceis de serem avaliados de forma objetiva, tais como fatores emocionais, psicológicos, religiosos e possivelmente outros que ainda desconhecemos.

Conhecendo os fatores cancerígenos externos ou ambientais, poderemos atuar sobre a prevenção e, algum dia, quando conhecermos os fatores intrínsecos envolvidos no processo que transforma uma célula normal em uma célula cancerosa, poderemos, então, estar perto da cura do câncer.

Alguns fatores de risco já são bem conhecidos, porém quase nada se faz para evitá-los, preferindo-se confiar na sorte ou viver na ilusão de que coisas ruins só acontecem aos outros!

Dessa forma, enquanto não soubermos exatamente quais as alterações moleculares que levam ao desequilíbrio energético da célula alterando a sua frequência vibratória e levando a célula a se amotinar, nos resta tentar desviar ao máximo de quantos fatores de risco conhecidos nós pudermos, pois não há como fugir desse campo minado que é a vida.

Quanto aos fatores de risco conhecidos, há aqueles contra os quais pouco ou nada podemos fazer, tais como a exposição a substâncias carcinogênicas resultantes da poluição da água, do ar e do solo.

São milhares de substâncias presentes em praticamente tudo o que nos cerca e em tudo que nos alimenta. Desde a água que bebemos até o ar que respiramos. É a má qualidade do ar, o fumo, os agrotóxicos, a sílica, o amianto, o benzeno, o xileno, o tolueno, os conservantes, corantes, vírus, bactérias, parasitas, raios ultravioletas, e elementos gasosos radioativos.

É a exposição ao tungstênio e ao cobalto resultantes de empresas que trabalham com metais pesados. E a própria casa que habitamos pode abrigar inúmeras substâncias consideradas fatores de risco para o câncer.

Os carpetes sintéticos podem liberar inúmeros produtos químicos voláteis tais como formaldeído, butadieno e estireno, em especial nos primeiros meses após a instalação.

E a maioria dos colchões pode conter produtos químicos sintéticos, bem como os móveis de madeira, que podem conter produtos tóxicos usados na cola, no verniz e na pintura.

O mesmo quanto às cortinas e toalhas de mesa de plástico que contêm anilina, produto que é a base para a fabricação de corantes para a indústria têxtil, e de muitos outros produtos, como espuma de poliuretano, reagentes fotográficos, tintas sintéticas, antioxidantes, herbicidas e vernizes. Também há o bisfenol que é encontrado em plásticos utilizados como embalagens, copos, potes, garrafas e tigelas.

Ou seja, é praticamente impossível hoje em dia não estar sujeito à agressão de alguma substância cancerígena. Tudo está contaminado.

Até antes de nascermos, quando ainda no ventre materno, estamos continuamente expostos a fatores considerados de risco para o câncer. Uma exposição precoce e prolongada pode estar relacionada ao maior aparecimento de câncer em jovens. Em adultos, depois dos 50 anos, homens e mulheres estão mais suscetíveis por somar-se como fator de risco, o envelhecimento natural do organismo.

Por tudo isso, há quem ache que todos nós estaríamos fadados a ter câncer se vivêssemos tempo bastante para isso.

Entre os fatores de risco conhecidos, o tabagismo tem importante participação no desenvolvimento do câncer não só do pulmão, mas também da boca, da laringe, do esôfago, do estomago e da bexiga. Isto porque o fumo não vai só para os pulmões: ele também impregna a saliva, sendo deglutido, absorvido e, depois, eliminado. E o fumo de charutos e cachimbos é tão perigoso quanto o de cigarros comuns ou de maconha.

A relação causa-efeito já foi abundantemente evidenciada por inúmeras pesquisas e trabalhos mostrando o fumo de um lado e o aumento do câncer de pulmão do outro. A correlação pode ainda ser evidenciada nas mulheres: há 30 anos, quando não era comum o fumo entre elas, eram raras as atingidas pela doença; hoje, porém o câncer de pulmão é uma das principais causas de óbito em mulheres de todo o mundo. Sem contar que o fumo de cigarros aumenta consideravelmente o risco dos efeitos colaterais cardiovasculares dos contraceptivos.

Apesar de muitos dos grandes fumantes não virem a sofrer de câncer pulmonar, para cada dez fumantes que morrem por câncer de pulmão, apenas um não fumante morrerá pela mesma causa.

O fumo, tão nocivo à saúde, somente depois de muitas décadas de combate ao tabagismo é que foi proibido em salas de espera, restaurantes, lanchonetes, lojas, supermercados, meios de transporte, estádios cobertos e ambientes de trabalho, pois lastimável era a situação dos tabagistas passivos que em ambientes confinados eram obrigados a inalar o ar poluído com a fumaça dos fumantes. E, felizmente, os obstetras já não se omitem em aconselhar as gestantes a não fumarem, e os pediatras a esclarecerem os pais fumantes de quão nocivo é esse vício para a saúde de seus filhos.

Radiação ionizante, como a que se liberta na explosão de uma bomba atômica, é outro agente cancerígeno responsável por uma grande variedade de tumores malignos e de leucemias. É também, o mesmo tipo de radiação usada em radiografias, tomografias, mamografias, mapeamento com radio-fármacos e radioterapia.

Apesar de o nível de exposição à radiação nos procedimentos diagnósticos ser pequeno, em especial com os equipamentos mais modernos, o cuidado que se deve ter é que, devido ao caráter acumulativo da radiação ionizante, não se deve tirar radiografias sem necessidade e, principalmente, com equipamentos fora dos padrões de operação. Em especial, sempre que possível, devem ser evitadas radiografias nas gestantes, pois as células embrionárias e as células fetais são altamente sensíveis às ações deletérias dessas radiações.

Quanto à radioterapia, apesar de a radiação ser um fator de risco para o câncer, quando é bem indicada, a probabilidade de desenvolvimento de um novo tumor é pouco significativa face aos benefícios para o paciente.

Acredita-se que a grande maioria dos tumores da pele seja provocada pelo abuso da exposição direta do corpo aos raios ultravioletas do sol (radiação não ionizante) que atingindo a pele causariam dano ao material genético da célula. Considerando-se que os danos provocados pelo abuso de exposição solar são cumulativos, é importante que os cuidados necessários sejam tomados desde a infância.

Nas praias deve-se evitar o sol entre as 10 horas da manhã e as 4 horas da tarde, pois nesse período a emissão de raios ultravioletas é maior. É recomendável também o uso de loções protetoras a cada 4 horas ou a cada 2 horas no caso de a pessoa suar muito. E mesmo debaixo de um guarda-sol a proteção não é total porque a radiação solar pode ser refletida pela areia atingindo os locais de sombra.

Visto a luz solar ser necessária para sintetizar a vitamina D que é essencial para o organismo, a exposição ao sol durante 15 a 20 minutos irá proporcionar as unidades de vitamina D necessárias.

Um alerta é para o perigo do uso das camas de bronzeamento artificial com lâmpadas que emitem radiação ultravioleta e que expõem quem as usa a um envelhecimento precoce da pele e a um maior risco de desenvolverem um melanoma (tumor maligno das células responsáveis pela pigmentação da pele).

Quanto à alimentação, uma dieta rica em gordura animal tem sido com frequência, apontada como importante na gênese do câncer intestinal.

O ideal é a ingestão de alimentos naturais, tais como leite e seus derivados, ovos, vegetais, frutas, cereais, pescados e carnes brancas. Uma alimentação sem abuso de achocolatados, sorvetes e refrigerantes, além de evitar produtos industrializados e produtos que contenham agrotóxicos.

Quanto à carne vermelha, nenhum estudo conseguiu estabelecer de forma conclusiva uma relação direta de causa e efeito entre apenas o seu consumo e o câncer, pois não há como dissociar o seu consumo dos inúmeros outros fatores que compõem os hábitos de cada um. Porém, o que se sabe é que quanto mais queimadas as carnes grelhadas, maior é a formação de substâncias cancerígenas na crosta escura que se forma em volta e isso vale também para peixes grelhados. Portanto, em um churrasco recomenda-se evitar comer as carnes queimadas.

As substâncias alimentares contendo corantes, pesticidas, preservativos, edulcorantes e aromatizantes artificiais, dificilmente deixarão de ter, em alguma percentagem, agentes químicos capazes de comprometer a saúde. Assim, sempre que possível, a conservação dos produtos deve ser feita por técnicas como a da pasteurização. Todavia, às vezes, aditivos, usados na concentração apropriada, são necessários para que o produto mantenha suas qualidades e não se deteriore pela ação de microrganismos, evitando que potentes carcinógenos venham a desenvolver-se em virtude de armazenamento em condições precárias. É o caso das toxinas do fungo *Aspergillus*, que pode contaminar nozes, castanhas, amêndoas, frutas secas, arroz, trigo e soja estocados durante um longo período, em lugares úmidos.

As aflatoxinas podem encontrar-se também no leite de animais que consomem alimentos contaminados. Quando ingeridas, as aflatoxinas afetam principalmente o fígado, sendo um dos fatores de risco para o câncer hepático.

O que se costuma ver também é o uso indiscriminado de substâncias perigosas, usadas no limiar do seu potencial tóxico, para dar cor, sabor e aroma a gelatinas, pudins, balas, refrigerantes, pó para refrescos, salsichas e enlatados em geral. Dos conservantes, os mais perigosos são os nitritos e os nitratos, pois, pela sua união com grupamentos proteicos contidos em alimentos ou no próprio organismo humano, formam a *nitrosamina* – um potente carcinógeno químico.

Uma recomendação é no sentido de que não se deve insistir em um determinado tipo de alimento por períodos prolongados, porque, com a diversificação na alimentação, podem diminuir as possibilidades de ingestão excessiva de uma mesma substância química.

Considerando-se que, nas pessoas sujeitas à prisão de ventre, as substâncias cancerígenas ingeridas ficam mais tempo em contato com a mucosa intestinal aumentando a probabilidade de produzir câncer, outra recomendação é no sentido de que sejam adotados regulares hábitos intestinais, se necessário, com o auxílio de um médico que oriente na reeducação dos intestinos.

Em relação ao consumo de produtos e de alimentos transgênicos produzidos em laboratório pela introdução de genes de uma espécie (DNA de bactérias ou de vírus) em outra (DNA do milho, ou da soja, ou da batata, ou do feijão) para redução de custos e aumento dos lucros, como as opiniões dos cientistas sobre seus riscos para a saúde do homem são divergentes, o melhor mesmo é evitar consumi-los do que correr o risco de vir a ter sérios problemas de saúde, inclusive câncer. Para isso é necessário que tais produtos tenham uma rotulagem completa e confiável.

É importante também mastigar bem a comida e evitar estressar-se à mesa, bem como, é recomendável a prática regular de alguma atividade física aprazível para ajudar a evitar a obesidade que, embora não se saiba ao certo qual o mecanismo envolvido, é também um fator de risco para vários tipos de câncer.

E os vírus, são eles fatores de risco? Ou melhor, é o câncer uma doença viral? E se for, então não seria só descobrir-se uma vacina para que tudo estivesse resolvido?

Este é um assunto extremamente complexo.

Em primeiro lugar, há que se considerar que os vírus são agentes difusos universalmente e que, em determinadas circunstâncias, podem vir a fazer parte do componente genético de células aparentemente normais.

Na maioria dos indivíduos, a célula pode permanecer assim por muitos anos e nunca haver o desenvolvimento de um câncer, até que um dia, em alguns indivíduos, por algum cofator desencadeante, o material genético do vírus passa a controlar a célula infectada que começa a multiplicar-se desordenadamente.

Quanto aos cofatores, esses podem ser os mais variados possíveis – desde estresse e erros alimentares, até radiações ionizantes ou o envolvimento passageiro de algum outro vírus aparentemente banal.

Dos vários tipos de vírus conhecidos, os mais implicados como possíveis fatores de risco são: o vírus de Epstein Barr da mononucleose infecciosa, os vírus das hepatites tipos B e C, o vírus do herpes (HPV ou papiloma vírus) responsável pelo aparecimento das verrugas comuns da pele e pelas verrugas genitais, conhecidas também como condiloma acuminado ou crista de galo, o vírus da imunodeficiência humana ou HIV (em casos de um tipo de câncer de pele chamado de sarcoma de Kaposi -) e o vírus HTLV (*Human T-cell Lymphotropic Virus*) associado a alguns tipos de leucemia.

O fato de algum desses vírus ser encontrado em determinados tumores não implica que o vírus detectado seja realmente o único agente causador do câncer, isto é, ele precisaria estar presente para que, em conjunto com algum outro fator, fosse originado o desequilíbrio celular que desencadearia o processo tumoral.

Por isso nem todos os indivíduos com a presença do vírus virão a ter câncer. Mesmo sem nenhum tipo de vírus detectável, ainda assim poderá haver a transformação de uma célula normal em uma célula cancerosa.

Assim, por exemplo, o uso da vacina contra a hepatite do tipo B serve para prevenir a infecção pelo vírus da hepatite B, mas isso não quer dizer que não haverá mais o risco de ter câncer do fígado. Mesmo em indivíduos vacinados, o câncer hepático poderá ter em sua origem a participação de outros fatores, tais como, o uso de esteroides anabolizantes, o consumo de alimentos mal armazenados e contaminados por toxinas, ou a infecção pelo vírus da hepatite C.

Ainda não há vacina contra o vírus da hepatite C, porém, mesmo que houvesse, em muitos pacientes com cirrose e câncer do fígado, não há a concomitante participação de algum tipo de hepatite viral.

Em relação ao vírus do herpes (HPV – papiloma vírus humano), que pode ser transmitido no contato sexual, inclusive no sexo oral, há mais de 150 subtipos. É o responsável pelas verrugas genitais (*condiloma acuminata*) sendo que 95%

das pessoas infectadas eliminam totalmente o vírus em 18 meses, pois adquirem imunidade. Alguns subtipos desse vírus são encontrados em câncer do colo uterino e em câncer do pênis, entre outros tipos de tumores. Mas, a grande maioria das pessoas infectadas não desenvolverá um câncer.

Menos de 1% das mulheres infectadas pelo HPV vão desenvolver o câncer do colo do útero sendo que em 70% desses tumores será encontrado algum dos subtipos 6, 11, 16 ou 18 do papiloma vírus e nos outros 30% dos casos serão encontrados alguns dos subtipos 31, 33 e 45, entre outros mais.

O virologista, Harald Hausen, que descobriu a presença desse vírus HPV em verrugas genitais, no câncer do colo do útero e também em alguns casos de papilomas da laringe, ele interpretou que a persistente presença do HPV no interior das células era a causa do câncer do colo de útero. Pressionou então a indústria farmacêutica para que descobrisse uma vacina contra os subtipos 6, 11, 16 e 18 do vírus HPV, e sugeriu a vacinação de mulheres e homens no período da adolescência e juventude, antes do início de uma vida sexual ativa. No caso dos homens seria para a prevenção do câncer de pênis. E assim surgiram dois tipos de vacinas, com os nomes comerciais de Gardasil (vacina quadrivalente contra os subtipos 6, 11, 16 e 18) e Cervarix (vacina bivalente contra HPV subtipos 16 e 18, que seriam os mais agressivos).

Os estudos foram feitos com jovens com idade entre 15 e 25 anos e como o câncer do colo do útero é raro em mulheres até os 30 anos de idade, tendo um pico entre 45 e 50 anos, vai demorar para que os resultados finais estejam disponíveis.

Portanto, a rigor, na bula da vacina contra o HPV deveria constar como sua indicação, apenas a prevenção contra a infecção pelos subtipos de HPV que lhe deu origem (6, 11, 16 e 18, no caso da quadrivalente).

Porém, como os laboratórios conseguiram a proeza de incluir na bula dessas vacinas a sua indicação na prevenção do câncer de colo do útero, centenas de milhões de doses foram distribuídas em todo o mundo, para a alegria dos laboratórios multinacionais que vão somando bilhões de dólares, graças às suas "galinhas dos ovos de ouro".

Recentemente, eis que foi aprovada outra vacina contra o HPV, agora chamada de Gardasil 9, ou seja, previne contra a infecção pelos subtipos 6, 11, 16, 18, 31, 33, 45, 54 e 58! O que não impedirá a infecção por algum dos outros subtipos! Daí é de se esperar que, aos poucos, outros subtipos dos mais de 150 existentes do HPV, irão sendo adicionados! Enquanto isso, tais vacinas, ainda de questionável utilidade na prevenção do câncer do colo uterino, fazem girar sempre mais veloz, a roda da fortuna dos seus fabricantes! E, provavelmente será incluída na bula também a prevenção contra o câncer da vulva, da orofaringe, da boca, do reto, do ânus, e do cólon! Enfim, uma panaceia!

Por conta do aparecimento de alguns graves efeitos adversos com tais vacinas (paralisia com perda de força e sensibilidade nas pernas, perda de memória, perda temporária da visão e até mortes), em alguns países, como o Japão, foi suspensa a recomendação do seu uso e nos Estados Unidos e na Europa a sua administração está sendo acompanhada de perto pelas autoridades sanitárias.

Bem melhor para a prevenção do câncer do colo uterino é o uso da camisinha (desde que não haja verrugas nas áreas que não são cobertas pelo preservativo) e a realização, a cada ano, do exame de Papanicolaou. Aliás, a camisinha também diminui a chance de pegar hepatite B pelo contato direto numa relação sexual, além de proteger contra o HIV da AIDS (ou SIDA).

Em resumo, quanto aos vírus, sem a participação de outros fatores de risco, até o momento não há absolutamente nenhuma prova conclusiva de que algum vírus seja o único e direto responsável por algum tipo de câncer. Nem vírus, nem bactéria, nem fungo e nem verme.

A ansiedade de querer achar algum parasita causador de câncer fez com que, em 1926, fosse concedido ao médico Johannes Fibiger, o prêmio Nobel em Medicina, por seus trabalhos de indução de câncer gástrico em ratos, através de vermes (*Spiroptera carcinoma*). Descoberta essa que nunca foi confirmada, revelando-se incorreta.

Se realmente algum vírus ou bactéria tivesse sido identificado e responsabilizado, então sim, com uma vacina conseguiríamos a definitiva prevenção de, pelo menos, algum tipo de câncer, mas isso está longe de acontecer!

Além disso, como ainda não sabemos qual é o mais importante mecanismo que leva uma célula à multiplicação desordenada, ou seja, como ainda não sabemos a causa primeira do câncer, isso justifica que o maior investimento em pesquisa da sua cura seja na área de biologia celular e molecular.

Hábitos sexuais são hábitos e cada um tem os seus. Há, entretanto, certos fatos conhecidos e certas precauções que devem ser tomadas. Assim, em uma relação sexual anal, mesmo entre marido e mulher, com o tempo pelas repetidas inoculações do esperma no canal anal e reto da parceira, esta acabará sendo imunizada e passará a formar anticorpos contra o esperma pelo fato de ele ser um elemento diferente dos que existem no organismo da mulher. Às vezes, os anticorpos formados apresentarão reação cruzada com as suas próprias células de defesa, que são os linfócitos, ou seja, a mulher formará anticorpos que atacarão os espermatozoides do marido e atacarão também os seus próprios linfócitos. Com isso, ela passará a ter menor capacidade de defesa imunológica e, portanto, menor resistência orgânica às infecções e doenças.

Esse processo que pode ocorrer com casais que gostam de experimentar posições variadas, aparece sistematicamente em homossexuais. Neles, a elevada frequência da relação anal torna-se então um dos principais fatores de alterações do seu sistema imunológico, o que facilitaria inclusive a infecção pelo vírus da imunodeficiência adquirida (HIV). A prevenção é pelo uso do condom ou preservativo (popularmente chamado de camisinha).

Quanto à relação sexual, certas medidas de ordem prática tem importância na prevenção do câncer do colo do útero (câncer cervical) nas mulheres e do câncer de pênis nos homens. Visto existir maior risco de alterações do epitélio cervical entre as mulheres que tiveram a primeira relação dos 10 aos 16 anos, a orientação é que não iniciem relações sexuais na adolescência e que tenham relações de preferência com o mesmo parceiro, pois se observou que a incidência do câncer cervical é maior em quem tem vários parceiros sexuais.

E, como foi observado que nas mulheres judias o câncer do colo do útero é menos frequente, por ser a circuncisão do homem um procedimento incorporado aos seus costumes religiosos, está indicada a retirada cirúrgica do prepúcio nos primeiros dias de vida dos meninos, independentemente de qual seja a religião.

Isso vai permitir uma higiene sexual mais satisfatória, evitando o acúmulo de esmegma (restos de descamação celular, com forte odor, que se deposita entre o prepúcio e a cabeça do pênis devido à má higiene), conferindo dessa forma alguma proteção contra o câncer do pênis no homem e proteção contra o câncer do colo do útero à parceira sexual.

Em relação ao álcool, é difícil avaliá-lo por si só, pois geralmente está associado ao fumo e às deficiências vitamínicas por ele causadas.

E você, por isso, estaria disposto a abrir mão dos seus vários uísques e das suas muitas garrafas de cervejas?

Veja bem, não é só um uísque que vai lhe fazer mal, mas é o hábito de beber, o vício da bebida, é a dependência a ela, é a falta de controle sobre ela. É como o cigarro. Se você deseja, mas não consegue parar de fumar, é porque você, que tem cérebro e se julga inteligente, é mais fraco e tem menos querer do que um pouco de tabaco enrolado num papel e sem cérebro algum.

Com o vício do álcool você intoxica suas células cerebrais e os danos que você lhes causa são irreversíveis. Sim, é isso mesmo. Não saram nunca mais. E, quando isso acontecer, de que jeito você vai querer ser dono da sua vida? Depois, você se queixa de que as coisas estão ruins ou de que o mundo é uma porcaria! Ora, pergunte a si mesmo se está participando para tornar este mundo um lugar melhor ou pior.

Não ache que isto não tem nada a ver com câncer. Tem sim, e muito. Não se esqueça de que, da mesma forma como o câncer começa com uma única célula, o alcoolismo começa com um só trago e o tabagismo, com um só cigarro; depois outro e mais outro.

Resta lembrar-lhe que você é senhor dos acontecimentos até quando os acontecimentos tornam-se tais que passam a determinar o que vai ser de você, porque, enquanto a primeira fase é da semeadura, a segunda é da colheita e esta depende daquela!

Capítulo III

Sintomas, sinais e diagnóstico

Na vida, existem ocasiões que nos despertam do marasmo e, de repente, nos fazem sentir quão vazias, sem importância alguma e quão pequeninas são as que julgávamos grandes tribulações. Isso acontece quando alguém querido vem a nos faltar ou quando temos que nos defrontar com doenças graves que nos obrigam a uma pausa.

Câncer é uma doença grave. Tanto mais grave quanto mais demora houver para ir ao médico, pois, em câncer, o diagnóstico precoce é ainda o que oferece a maior possibilidade de cura.

O câncer é a segunda causa de morte entre pessoas com mais de 40 anos de idade, ficando atrás apenas das enfermidades cardiovasculares. Ele se inicia de modo imperceptível, pois é impossível ao paciente sentir as primeiras modificações que transformam células normais em cancerosas, bem como perceber que estas se multiplicam sem controle.

É uma doença insidiosa que vai se instalando lenta e progressivamente, sem alarde, mimetizando-se com outras doenças sem muita ou de nenhuma gravidade. Inúmeras divisões celulares ocorrem antes que um tumor se torne grande o bastante para se manifestar clinicamente. À medida que um tumor cresce, aumenta a probabilidade de que células cancerosas se separem da massa tumoral e sejam levadas a outros órgãos.

Visto ainda não ser possível prevenir-se de forma efetiva de todos os fatores de risco para o câncer, mesmo dos conhecidos, resta por enquanto, em medicina, o diagnóstico precoce, como única forma de curar muitos casos de câncer, antes do aparecimento de metástases.

Portanto, o exame médico periódico é importante na detecção precoce do câncer, sendo tanto mais importante quanto mais avançada for a idade, pois, nesse caso, o risco de aparecimento de tumores é maior. Dos exames, os decisivos são os que permitem que seja retirada uma amostra da lesão (biópsia) para exame ao microscópio, que é o que permitirá o laudo anátomo-patológico e o diagnóstico. Infelizmente há canceres como o de ovário, para os quais ainda não há um método de rastreamento que permita o diagnóstico em fase precoce.

Um alerta é para o perigo das propagandas de remédios, veiculadas na mídia para um publico leigo, que induzem à automedicação, servindo apenas para postergar o diagnóstico de doenças graves que poderiam ser curadas se diagnosticadas a tempo.

Acompanhando o crescimento do tumor, há vários tipos de distúrbios gerais e locais que podem surgir. Os sintomas gerais – fadiga, emagrecimento, falta de apetite, febre – aparecem, em geral, somente nas fases mais avançadas da doença. Quanto aos efeitos locais, estes podem consistir em distúrbios no funcionamento do órgão onde surge o crescimento do câncer.

Porém nem sempre a correlação entre os sintomas e o órgão onde surge o câncer é óbvia. Vejamos por exemplo o caso de Edelmar, uma mulher de 54 anos que começou de repente a ter episódios de vertigens, perda súbita e temporária da sensibilidade dos dedos da mão esquerda, visão dupla e dificuldade em articular palavras.

Depois de uma semana com esses sintomas deu entrada no Pronto Socorro de um grande Hospital com suspeita de isquemia (falta de sangue) cerebral transitória. Ao exame clínico e laboratorial nada apresentou e teria sido dispensada com diagnóstico de crise nervosa se não estivesse acompanhada do cunhado médico que, conhecendo-a, com veemência, insistiu que certamente não podia ser esse o caso.

Em atenção ao colega, Edelmar foi então internada no setor de neurologia para observação e exames especializados. Apesar de todos os exames neurológicos e as repetidas tomografias e ressonâncias darem normais, depois de três semanas em observação, como continuava a se queixar de vertigens, perda da sensibilidade dos dedos da mão esquerda, dificuldade de fala e instantes de visão dupla, foi solicitada ajuda à psiquiatria. Nesse ínterim, teve diarreia com sangue misturado com as fezes, quando então foi feita colonoscopia que revelou adenocarcinoma do cólon sigmoide.

Edelmar foi submetida à cirurgia para retirada do câncer e na avaliação pós-cirúrgica foi observado que o câncer não havia se estendido para outros órgãos. Os sintomas que apresentava desapareceram após a cirurgia.

Esse caso ilustra a dificuldade de às vezes se estabelecer um elo entre os sintomas e o diagnóstico.

Vejamos a seguir alguns sintomas que devem ser conhecidos e cuja ocorrência deve ser motivo de investigação clínica.

– Tosse, de três ou mais semanas de duração, com ou sem catarro, cansaço, fraqueza e dores no tórax sugerem a realização de uma tomografia de tórax, eventualmente acompanhada de biópsia a fim de afastar ou confirmar o diagnóstico de câncer de pulmão. Importante destacar que uma radiografia simples de tórax não oferece hoje quase nenhuma utilidade para o diagnóstico de câncer de pulmão em sua fase inicial.

– Falta de apetite sem razão aparente e dor difusa e persistente no estômago, sem relação com a alimentação e que não passa após duas semanas de tratamento com antiácidos ou dietas podem ser indícios de câncer gástrico. Assim, se você tiver dor de estômago, inapetência, náuseas, emagrecimento e idade superior a 40 anos, melhor é procurar afastar um problema grave, consultando-se com um médico do que ficar perdendo tempo, tomando pastilhas quaisquer.

– Prisão de ventre de aparecimento insidioso, com alteração dos hábitos intestinais, com perda ou não de sangue nas evacuações e com episódios esporádicos de dor abdominal difusa podem ser manifestações de câncer intestinal. Mas, quando isso acontece, em geral o câncer do cólon ou do reto já não está mais em sua fase inicial.

Atualmente, o câncer do cólon costuma aparecer também em jovens, e o seu rastreamento, ou seja, o exame realizado para descobrir a doença precocemente é a colonoscopia, com a retirada de eventuais pólipos para análise e planejamento da conduta curativa desse câncer.

Há quem preconize esse exame a partir dos 50 anos de idade, e há quem ache prudente e mais seguro que o exame seja feito a partir dos 45 anos. Dependendo do histórico familial, o exame poderá ser necessário bem antes. A dificuldade desse exame, além do custo, está na conscientização dos pacientes em aceitar o relativo desconforto do colonoscopia, que é o mais importante exame na prevenção do câncer do cólon.

– Dificuldade para urinar, com sensação persistente de bexiga cheia, mesmo após urinar, é um sintoma frequente que pode ocorrer em homens a partir dos 40 anos de idade e ter seu pico aos sessenta anos.

Costuma refletir o crescimento da próstata, que é uma glândula do aparelho genital masculino, situada atrás da bexiga, podendo ser facilmente apalpada através do toque retal. Esse crescimento pode ser manifestação de uma hiperplasia prostática benigna (adenoma de próstata) ou de um câncer de próstata.

Quanto ao câncer de próstata, o tão temido exame do toque retal já não se reveste da importância que algum dia já teve e que servia mais para os casos de câncer avançado.

Assim, um aumento da próstata que ao toque retal parece ser um tumor benigno, após a cirurgia, não é incomum serem achadas células alteradas e o diagnóstico final ser tumor maligno.

Atualmente, de um modo geral, é sugerida a partir dos 40 anos, apenas a determinação dos níveis de PSA (*Prostatic Specific Antigen* – antígeno prostático específico) a cada dois ou quatro anos, dependendo do valor inicial, sendo importante a comparação de valores seriados para saber quando indicar exames adicionais como ultrassonografia e biópsia.

Em geral é um câncer de crescimento lento, por isso, o tratamento imediato ou não do câncer de próstata deverá ser decidido conjuntamente com o paciente após o médico responder a todas as suas duvidas e lhe explicar os possíveis riscos de uma cirurgia radical em relação à qualidade de vida. Em geral, o diagnóstico precoce permite conseguir-se a cura completa.

– Aparecimento de caroços em qualquer parte do corpo, como por exemplo, nas axilas, no pescoço, perto das orelhas, ou na região inguinal, pode ser manifestação de alterações no sangue, nos gânglios linfáticos (íngua), na pele, ou de alterações em qualquer dos órgãos internos, como estômago ou ovários.

Em relação ao câncer de mama, o primeiro sinal é usualmente a presença de um caroço que, na maioria dos casos, não é doloroso à palpação. Pode ocorrer tanto em mulheres jovens como em mulheres na menopausa e também, ocasionalmente, em homens.

Existem alguns fatores que podem aumentar o risco de aparecimento do câncer de mama, tais como, primeira gestação com idade superior a 30 anos, e administração de estrógenos exógenos.

Outras manifestações que podem indicar o câncer de mama são as deformações da mama e a presença de secreção anormal pelos mamilos.

O câncer de mama, quando atinge um centímetro de diâmetro, tamanho suficiente para poder ser apalpado pelo médico, em exame minucioso, já existe há pelo menos dois anos. Por outro lado, a mulher que aprendeu com seu ginecologista a técnica do autoexame da mama e que a pratica regularmente, uma vez por mês, logo depois da menstruação, pode ser capaz de detectar caroços de cinco ou seis milímetros. Nesses casos, ao invés de ficar esperando o caroço desaparecer, o correto é procurar logo um médico, a fim de não ficar se preocupando desnecessariamente, pois nem toda alteração das mamas significa a presença de câncer. E será o diagnóstico e o tratamento precoce que irão oferecer a maior chance de cura à paciente, se for mesmo um câncer de mama.

Se necessário, a critério médico, as mamas podem ser submetidas a exames mais especializados, como a mamografia, que nada mais é do que uma radiografia das mamas, a fim de detectar alterações precoces de sua estrutura, e no caso de ser detectado algum nódulo, mesmo a maioria sendo benignos, é sempre prudente seja feita biópsia ou punção aspirativa guiada por exames de imagem.

– Sangramentos irregulares, ou perda anormal de sangue pelo útero.

Após os 35 anos, as mulheres deveriam fazer rotineiramente, uma vez por ano, a citologia vaginal para prevenção do câncer uterino, bem como a colposcopia, que é um exame ginecológico com um aparelho óptico que permite ao médico melhor visualização do colo do útero, com localização das lesões, avaliação de sua extensão e biópsia, se necessário. O exame ginecológico periódico, com citologia vaginal e colposcopia, com vistas a um diagnóstico precoce, pode efetivamente reduzir a elevada incidência de câncer do colo do útero, que é responsável por aproximadamente um terço de todos os tumores malignos que acometem a mulher.

Felizmente, o câncer do colo do útero pode ser detectado em quase 100% dos casos com o acompanhamento periódico das mulheres a cada dois anos, a partir de quando começam sua vida sexual, ou a partir dos 25 anos, se ainda virgens.

Ainda bem que nas bulas das vacinas contra o HPV, no item profilaxia consta que "a vacinação não substitui a rotina de triagem de câncer do colo do útero conforme estabelecida pelo médico." Com isso, a detecção precoce pode resultar em cura total e tudo a um baixo custo.

Vale mencionar que os verdadeiros heróis na luta contra a detecção precoce do câncer do colo uterino foram os Drs. Georgios Papanikolaou (da Grécia) e Aurel Babes (da Romênia). Os dois descobriram o teste para detecção precoce quase que ao mesmo tempo, mas como a publicação do Papanikolau foi numa revista internacional, foi com o nome dele que o exame ficou conhecido.

Infelizmente, nem Papanikolaou e nem Babes receberam o prêmio Nobel, apesar dos muitos milhões de vidas salvas com essa grande descoberta.

Outros sintomas e sinais que não devem ser negligenciados, merecendo atenção médica, são:

Rouquidão persistente, por mais de duas semanas (laringe), dificuldade para engolir, por mais de duas semanas (esôfago), quaisquer alterações em verrugas ou em sinais de nascença, ou dificuldade na cicatrização de feridas (pele) e presença de placas esbranquiçadas na mucosa da boca.

Dessa forma, o próprio indivíduo, tomando consciência do que é importante, participará ativamente na preservação da sua saúde, pois o diagnóstico precoce é o primeiro passo para a cura da doença em muitos tipos de câncer. Porém, há tumores malignos que, mesmo diagnosticados precocemente, têm uma evolução grave. Mas, mesmo nesses casos, um bom médico poderá proporcionar aos pacientes condições que lhes permitam cuidar condignamente dos seus afazeres e atender às suas necessidades, tanto pessoais quanto sociais.

Capítulo IV

Leucemias

As leucemias constituem-se em um grupo de doenças que se caracteriza pela multiplicação, desordenada e sem nenhuma finalidade aparente, de alguma célula que normalmente se encontra na medula óssea para produzir os glóbulos brancos do sangue. A leucemia afeta, com frequência, jovens e crianças e de forma simplista pode ser definida como sendo um câncer do sangue.

Quando examinado ao microscópio comum, o sangue mostra-se constituído por uma parte líquida, que é o plasma e por uma grande variedade de células, entre as quais predominam os glóbulos vermelhos, que lhe dão a cor vermelha e têm por função o transporte do oxigênio que respiramos, levando-o para todo o organismo.

As doenças relacionadas às deficiências dos glóbulos vermelhos são as anemias, que podem ser causadas por inúmeros fatores. Dependendo do fator, a anemia poderá ser mais ou menos grave. Anemias relativamente banais, como as causadas por parasitoses, podem ser facilmente tratadas combatendo-se o agente causal e administrando-se compostos ferrosos.

Mas, anemia é uma coisa; leucemia é outra. Como não é raro encontrar pessoas confundindo as duas, fizemos esta breve referência às anemias.

As leucemias, por sua vez, são doenças relacionadas com os neutrófilos, os linfócitos, os monócitos, os basófilos e os eosinófilos. O conjunto dessas células tem a denominação genérica de glóbulos brancos ou leucócitos. A mais, circulando no sangue há também as plaquetas, que participam dos fenômenos da coagulação do sangue. Cada um desses elementos é originário das respectivas células progenitoras (células tronco hematopoiéticas) que se encontram na medula óssea e cada um deles exerce, no organismo, uma determinada função. Os linfócitos, os monócitos e os neutrófilos são as células que agem na defesa do organismo contra as substâncias estranhas. Os basófilos e os eosinófilos têm papel biológico nos fenômenos alérgicos.

Normalmente, as células progenitoras existentes na medula óssea multiplicam-se por reprodução celular e, enquanto algumas continuam se multiplicando para manter o estoque de células progenitoras, outras vão sofrendo um processo de diferenciação, ou seja, vão-se transformando em células com características que irão determinar o que serão quando maduras e prontas para serem lançadas no sangue circulante.

Quando as células progenitoras que se encontram na medula óssea sofrem transformação maligna, as células resultantes já não conseguem diferenciar-se e amadurecer normalmente. Passam, então, a acumular-se em grande número, dificultando a formação das células normais, principalmente dos glóbulos vermelhos e das plaquetas, resultando, daí, anemia e sangramento. Esta anemia, que tem na leucemia o seu fator causal, é uma anemia grave e não será a administração de compostos ferrosos que a melhorará.

Apesar de não se conhecer ainda qual é a causa exata das leucemias, existem algumas evidências sugerindo o envolvimento de um fator viral. Mas isto não quer dizer que as leucemias sejam transmissíveis por contágio direto ou que todas as leucemias humanas sejam de origem viral. Outro fator de risco envolvido é a exposição a materiais radioativos, que parecem tornar a pessoa mais suscetível a ter leucemia.

A grande sensibilidade das células de um organismo fetal à irradiação faz com que radiografias ou outros exames que empreguem material radioativo, como, por exemplo, exames para mapeamento da tiroide, sejam formalmente contraindicados em mulheres grávidas, especialmente no começo da gravidez. Porém, mesmo no oitavo ou nono mês de gravidez, se possível, é sempre aconselhável postergar para depois do parto, quaisquer estudos radiológicos ou com radioisótopos.

A transformação maligna poderá dar-se em qualquer uma das etapas de formação e diferenciação dos glóbulos brancos e, de acordo com a etapa de diferenciação em que se encontrar a célula, teremos as leucemias agudas ou as crônicas.

As agudas são aquelas em que a célula envolvida é jovem, pouco ou quase nada diferenciada, enquanto que a crônica é uma leucemia em que a célula afetada estava perto do seu completo amadurecimento.

Existem, portanto, muitos tipos de leucemia: tantos quantos os estágios de desenvolvimento de uma célula progenitora e tantos quantos os tipos de células existentes no sangue circulante. Daí, saber que alguém tem leucemia, isto, por si só, não revela nada quanto à gravidade do caso. Assim, a evolução de uma leucemia mieloide crônica é bem diferente da de uma leucemia linfoide crônica. No primeiro caso, a doença evolui em alguns anos, enquanto que no segundo caso, o paciente poderá viver dez ou mais anos após o diagnóstico, sem nem ao menos vir a necessitar de tratamento. E, mais ainda: mesmos tipos de leucemia poderão ter evolução diferente, de acordo com a sua subclassificação. Por exemplo, uma leucemia linfoide aguda de classificação imunológica tipo "T", terá, em geral, uma evolução diferente da de uma leucemia linfoide aguda de classificação imunológica tipo "B". Portanto, a primeira etapa em uma leucemia é classificá-la através de todos os exames laboratoriais pertinentes e de forma tão completa e acurada quanto possível. Com base nessa classificação, e também nas características clínicas de apresentação da leucemia por ocasião do diagnóstico, então – é só então – passa-se ao tratamento, pesando-se bem as vantagens e desvantagens de uma terapia muito agressiva contra as de uma terapia pouco agressiva.

Tantos são os detalhes e os conhecimentos específicos a cada tipo de leucemia, que a onco-hematologia constitui-se numa especialidade e, por isso, o tratamento de um paciente com leucemia só poderá ser bem realizado por um profissional com grande experiência nesta área.

Por serem doenças graves, as leucemias demandam intensa experimentação básica e clínica em busca de seu melhor conhecimento e em busca de tratamentos melhores.

Foi assim que, aos poucos, os transplantes de medula óssea, da experimentação passaram a fazer parte das possibilidades terapêuticas na luta contra determinados tipos de leucemias. O transplante não é um tratamento que possa ser indicado para qualquer paciente, ou um tratamento que sirva para qualquer tipo de leucemia. Portanto, dependendo do caso, as possibilidades de fracasso podem ser tão grandes que não se justifica submeter os pacientes a esse processo que, quando não dá certo, só vai lhes acrescentar sofrimento e dor, pois, infelizmente, são poucos ainda, e muitos selecionados, os casos onde um transplante de medula oferece reais possibilidades de uma nova vida.

O transplante de medula é, em si, um procedimento relativamente simples, mas em virtude da sofisticada tecnologia imunológica na qual deve, necessariamente, apoiar-se, torna-se um método restrito aos centros médicos mais adiantados e mais bem equipados. O método consiste em proceder-se, inicialmente, à irradiação total do corpo do receptor, com dose suficiente para destruir todas as células doentes e para inativar as células imunológicas capazes de rejeitar o enxerto. Em seguida, reconstitui-se o paciente com células da medula de um doador são. Para tanto, com o doador anestesiado, retira-se com uma seringa, através de repetidas punções dos ossos da bacia, certa quantidade de medula óssea, que é constituída, em essência, pelas células progenitoras das células sanguíneas e estas células da medula são administradas, por simples infusão venosa, ao receptor previamente irradiado.

Para que o transplante de medula dê certo, é fundamental que o receptor e o doador tenham a mesma histocompatibilidade. Isto quer dizer que as células que compõem os dois organismos devem ser iguais, como no caso de gêmeos univitelinos.

Havendo essa igualdade imunológica, a chance do transplante de medula aportar a cura ao doente é muito grande. Porém, se houver diferença, mesmo que pequena, entre as células do doador e as células do receptor, poderá ocorrer rejeição do enxerto por algumas células imunológicas do organismo receptor que não foram totalmente eliminadas pela irradiação ou, então, poderá ser o enxerto a atacar o organismo onde foi implantado e que não tem mais células imunológicamente competentes para defender-se.

Ambas as situações são criticas e tão graves quanto a leucemia que se tenta corrigir.

Em se tratando de autotransplante de medula óssea, ou seja, quando o doador e o receptor são a mesma pessoa, não é a rejeição que preocupa, mas é a grande suscetibilidade do paciente a infecções e a hemorragias. Portanto, para a recuperação do próprio sistema de defesa do organismo, que se encontra debilitado pela irradiação total do paciente, são necessários muitos cuidados. O autotransplante, em conjunto com a quimioterapia e a radioterapia, é uma das formas de tratamento, em alguns tipos de linfomas, que são os tumores dos gânglios linfáticos. Os pacientes com linfomas costumam notar linfonodos aumentados (íngua) no pescoço, axilas ou virilha.

Naquelas leucemias onde o transplante de medula é uma opção, a criteriosa seleção do doador é o elemento-chave do sucesso. A mais, permanece a esperança da descoberta de algum método ou de alguma droga segura e eficaz que, interferindo nos processos da rejeição, venha permitir uso mais amplo dessa modalidade terapêutica.

De um modo geral, a leucemia sem tratamento, é fatal em um prazo que pode variar de poucos dias ou meses, para as leucemias agudas, a alguns anos, para as leucemias crônicas. Com tratamento, a doença evolui mais lentamente e certos pacientes conseguem sobreviver por cinco, dez, ou mais anos e podem até se curar.

O tratamento das leucemias costuma requerer o uso de combinações de vários quimioterápicos antineoplásicos, administrados de forma intermitente, até obter-se a remissão da doença, ou seja, a normalização do quadro sanguíneo. O médico deverá saber adaptar o melhor e mais atualizado esquema terapêutico que conhece às condições físicas do paciente. Essa fase de tratamento chama-se "fase de indução". Obtido isto, passa-se então à "fase de manutenção", através de mais quimioterápicos, administrados também de forma intermitente, procurando-se manter o paciente o máximo de tempo possível sem a presença de nenhuma célula leucêmica no sangue.

O onco-hematologista deverá usar toda a sua experiência e bom senso para não dar drogas nem a mais, nem a menos, pois, em ambos, os casos, o resultado poderá ser desastroso. Nessa fase de manutenção, são comuns os estudos experimentais com diferentes substâncias, na tentativa de prolongar-se ao máximo a remissão completa da doença.

Capítulo V

Importância do médico oncologista

O tratamento do câncer deve ser multidisciplinar. Isto quer dizer que, idealmente, o paciente deve ser examinado e seu caso discutido por uma equipe composta de, pelo menos, três oncologistas, ou seja, médicos especialistas em cancerologia: um clínico, um cirurgião e um radioterapeuta. Assim, depois de serem realizados todos os exames necessários, no mais curto prazo possível – pois em câncer não se pode perder tempo entre o diagnóstico e o tratamento – os especialistas poderem decidir para cada paciente, em base aos resultados dos exames, qual o melhor esquema de tratamento e a melhor sequência do emprego da cirurgia, quimioterapia, radioterapia, e eventualmente, imunoterapia. No caso de o diagnóstico ser leucemia (doença maligna do sangue), o especialista deverá ser um onco-hematologista.

Infelizmente, isso só ocorre nos hospitais especializados no tratamento do câncer e, mesmo assim, só nos maiores e melhores, pois na prática, o que se observa em geral, especialmente nos lugares mais afastados dos grandes centros urbanos, é que o primeiro médico a examinar o paciente é o que vai assumir o tratamento. Se esse médico for um cancerologista experiente, o paciente será bem orientado, porém, se quem primeiro atender o paciente for um médico sem a devida formação em oncologia, o paciente terá, com grande possibilidade, as suas chances de cura drasticamente reduzidas. Sabem bem, os oncologistas, quão lastimável é receber casos mal iniciados e erroneamente conduzidos!

Quando não se conhece quem é quem em cancerologia, o melhor a fazer é se dirigir a hospitais, instituições ou clínicas reconhecidamente dedicadas à pesquisa e ao tratamento do câncer.

Na dúvida de que o médico seja bom, na falta de confiança, ou de empatia, com o profissional, o melhor a fazer é consultar outro especialista.

Não é questão de procurar um médico que prometa a cura e garanta o alívio de todos os seus males, pois isso não existe, mas é a procura de um médico experiente, que se utilize de todos os recursos disponíveis para diagnosticar e tratar a doença da melhor forma possível.

E o dinheiro para isso?

Para aqueles que não tiverem recursos econômicos, em alguns grandes centros hospitalares, o tratamento será conduzido por especialistas, da mesma forma como o será para os que podem pagar. Porém, considerando que o tempo entre a detecção e o início do tratamento deve ser o mais curto possível, isso em geral costuma estar ao alcance apenas dos que possuem bons planos de saúde e não daqueles que dependem de um bisonho sistema de saúde pública sucateado por um perverso e cruel desvio de verbas.

Por isso, os casos de corrupção envolvendo desvios de verba pública para a saúde deveriam ser tratados como crimes hediondos, pois de forma dolosa e covarde acarretam a morte de muitos milhares de pessoas pertencentes às classes socioeconômicas menos favorecidas, às quais é negado não só o acesso aos benefícios decorrentes dos avanços científicos e tecnológicos, mas até o mais elementar atendimento médico decente!

Designado o médico, caberá a ele saber manter o paciente em tratamento, o que não é tarefa fácil, especialmente nos casos de câncer avançado. Nesses casos, o médico deve permitir que o paciente, sem medo, possa expor-lhe com confiança os seus sentimentos e eventuais desejos em relação ao uso de métodos terapêuticos considerados alternativos, pois o médico que os contraindica e desaconselha sistematicamente, estará fazendo com que os doentes mais graves não lhe segredem as tentativas que certamente farão nesse sentido em busca da cura.

Afinal, de que adianta ao médico arvorar-se em sua presumida onisciência e arrogância e dizer ao paciente que só a medicina moderna irá curá-lo, se nós mesmos, médicos, sabemos intimamente que não é bem assim? Quantas vezes o paciente não é submetido a drogas que lhe fazem mais mal do que bem, a irradiações que o deixam pior, ou a cirurgias extensas e mutiladoras, sem que, com isso, possamos dar-lhe a esperança, sequer, de uma melhora passageira? Muitas vezes, em casos terminais, nem a qualidade de vida conseguimos melhorar, mas apenas prolongamos e pioramos o ato de morrer. Conheço inúmeros colegas que, após terem submetido seus familiares aos tratamentos convencionais, também foram em busca de tratamentos outros.

Portanto, o médico não tem o direito de tirar a esperança do paciente no que quer que seja que o paciente acredite, se não tiver algo melhor a oferecer-lhe. E todas as decisões devem ser sempre tomadas de acordo com a regra de ouro, qual seja, não fazer ao outro o que você não gostaria que lhe fizessem, bastando para isto, imaginar-se na condição do paciente.

Consideremos o caso de um senhor de 45 anos, com câncer pulmonar inoperável.

Se este câncer for resistente à irradiação e se a quimioterapia oferecer poucos benefícios, adiantará submeter tal paciente a inúmeras aplicações de radioterapia ou a repetidas séries de drogas quimioterápicas que vão deixá-lo bem pior do que se ele tivesse que arcar somente com seu tumor? Não seria bem melhor limitar-se a reduzir o desconforto e a dor, sem prejudicar o paciente? Sem onerá-lo mais? E se ele, vendo a dificuldade sincera e honesta que a medicina clássica tem em propiciar-lhe maior conforto, disser que gostaria de experimentar métodos alternativos, que mal há nisso?

Cada caso deve ser criteriosamente analisado e, eventualmente, havendo uma chance de algum tratamento ir ao encontro dos desejos do paciente, é melhor orientá-lo e deixá-lo tentar, continuando, porém, com as visitas clinicas de acompanhamento. Dessa forma será permitido ao paciente exercer o papel que lhe é de direito, qual seja, o de decidir sobre o seu tratamento.

Obviamente, a possibilidade de o paciente vir a ser enganado e economicamente explorado deve ser examinada junto a ele ou aos seus familiares. Dessa forma, o paciente vai sentir-se amparado e poderá, por si mesmo, avaliar terapias alternativas que, muitas vezes, são apresentadas de forma convincente e aparentemente lógica, mas que não passam de uma mistura de charlatanismo com pseudociência.

Portanto, o paciente ou seus familiares, ao tomarem conhecimento de um diagnóstico de câncer deverão recorrer sempre a um oncologista, ou seja um médico que se dedica especificamente ao estudo do câncer e que, na prática diária, atende a pacientes com câncer e está ligado a centros de pesquisa e tratamento do câncer. De outro modo, poderá ser perdida para sempre a chance de cura.

Em câncer, como em qualquer outra doença grave, existem três fatores importantes que podem influenciar a sobrevida do paciente: a experiência do médico especialista, a participação do paciente no seu tratamento e, um fator transcendental, que nasce da relação médico-paciente. Esse fator, quando presente, consiste num sincero e profundo desejo interior do médico querer ver seus pacientes com saúde e felizes, por amá-los muitos. Amá-los por lhe permitirem ser útil. Amá-los por lhe permitirem aprender mais. Amá-los por lhe permitirem participar da manutenção da vida. E isto transcende à aplicação dos meros conhecimentos técnicos, que são importantes, mas que não são tudo, pois necessitam completar-se com algo mais. Algo indefinido. Algo transmitido num aperto de mão, num olhar, num gesto ou até num sorriso apenas. É por isso que esse fator é transcendental. Não se pode pegá-lo e medi-lo, todavia sente-se a existência de algo mais a reafirmar e a complementar a confiança do paciente no seu médico.

Capítulo VI

O dilema do diagnóstico

Em virtude de um longo tabu e desinformação sobre o assunto, para muitos, câncer soa ainda como uma sentença de morte, e infelizmente, advogando caridade humana, vários médicos, sem querer, reforçam essa crença ao esconderem de seus pacientes um diagnóstico de câncer, que acaba sendo confidenciado a familiares ou a parentes próximos.

Diabetes, insuficiência cardíaca, insuficiência respiratória e insuficiência renal são apenas alguns exemplos de outras doenças graves e que também obrigam os pacientes à vigilância médica rigorosa e a tratamento contínuo, mas, apesar disso, aos diabéticos, aos renais crônicos e aos anginosos, para citar alguns, não se esconde o que eles têm. Ao contrário, os pacientes devem saber qual é a sua doença para poderem participar do seu tratamento, tomando os remédios que lhes são prescritos e seguindo os regimes alimentares recomendados.

Considerando-se que, atualmente, o câncer tende a comportar-se igual a uma doença crônica, como as acima citadas, e considerando-se que, para alguns tipos de câncer, detectados precocemente, é grande a percentagem de pacientes que podem ser curados, não há por que ocultar a verdade ao paciente. Ademais, escondendo-se o diagnóstico do paciente, automaticamente lhe é negado o direito de tomar decisões sobre seu tratamento, bem como lhe é tirado o que há de mais importante, que é a possibilidade de sua própria participação no processo de cura.

Sabendo o que tem, o doente poderá discutir amplamente seu problema, poderá informar-se, poderá esclarecer-se com o seu médico e também poderá desabafar quando tiver vontade, sem ter que fingir o tempo todo que não sabe o que tem, pois, muitas vezes, é o próprio paciente a enganar caridosamente médicos, parentes e amigos, deixando-os acreditar que estão todos lhe escondendo muito bem o fatídico diagnóstico!

O saber que tem câncer é recebido, pela grande maioria, com medo, ansiedade, angústia e raiva. Esses sentimentos variam de intensidade de acordo com a personalidade de cada um e cada paciente vai necessitar de certo tempo para readquirir o domínio de si e lidar com esse novo fato em sua vida. Depois sobrevém o desejo de partir para a luta ou a resignação. Em ambos os casos pode nascer a vontade de pôr ordem na própria vida, de deixar tudo pronto, o que denota, simplesmente, uma atitude prática.

Em seguida, entre um tratamento e outro, à medida que o paciente vai se recuperando do mal estar da quimioterapia ou da radioterapia que tanto afetam a sua qualidade de vida e que tanto exigem da sua determinação em seguir lutando, aos poucos, de novo passa a necessitar de responsabilidades, diversões, passeios e companhias, do mesmo modo de antes, só que agora vivenciando tudo com mais intensidade. São momentos de grande alegria de viver, a partir de pequenas coisas comuns.

Porém, quando, ao invés da vontade de reagir instala-se a resignação, pouco adiantará o tratamento. Nesses casos, muito importante será a participação dos amigos, dos familiares e do próprio médico que, quando em sintonia com o doente, saberão intuitivamente o que dizer e como agir para ajudarem o paciente a ajudar-se.

Capítulo VII

Cirurgia

A cirurgia é um dos métodos terapêuticos mais antigos e em câncer ela tem por objetivo a extirpação da massa tumoral segundo técnicas e táticas que visam a tentar evitar, ao máximo, a disseminação das células tumorais durante a retirada do câncer.

Pelo fato dessa cirurgia exigir um conhecimento especializado, ela só deveria ser realizada por quem adquiriu tal conhecimento. Isto quer dizer que um especialista em cirurgia oncológica poderá vir a operar uma úlcera do estômago, porém um cirurgião geral dedicado a operar úlceras do estômago, hérnias ou apendicites não deveria operar casos de câncer.

Assim, os resultados da remoção de um câncer no reto, realizada por uma equipe competente e atualizada, vão ser bem diferentes dos resultados da mesma operação realizada por profissionais sem a devida especialização em câncer, ou por profissionais desatualizados. E uma cirurgia mal conduzida pode reduzir em muito a expectativa de vida de um paciente.

Infelizmente, não são poucos os pacientes operados de câncer em clínicas particulares ou em pequenos hospitais gerais que, por causa da evolução de sua doença, quando são finalmente encaminhados a hospitais especializados no tratamento do câncer, dão ensejo a que se constatem casos estarrecedores de cirurgias realizadas em total desrespeito aos princípios básicos da cirurgia oncológica e aos conhecimentos fundamentais da fisiopatologia tumoral.

Câncer não é uma doença local. Câncer é uma doença sistêmica, isto quer dizer, uma doença geral. Ela se inicia num determinado órgão, e, a partir daí, dissemina-se por várias vias. Segue-se que, quanto mais precoce o diagnóstico e quanto mais cedo vier a ser realizada a cirurgia, tanto melhor será o prognóstico, pois, em geral, quanto menor o tumor, menor possibilidade haverá de ele ter espalhado suas células pelo organismo. Com os enormes progressos técnicos, mesmo na presença de metástases, podem ser realizadas cirurgias antes consideradas impossíveis. Assim, metástases localizadas em órgãos como o fígado, podem hoje, em determinadas circunstâncias, serem removidas cirurgicamente.

Os tumores com possibilidade de serem operados logo após o diagnóstico são: câncer da mama, do estômago, do cólon, do reto, do aparelho genital (útero e ovário, na mulher e próstata, no homem), câncer da faringe, das cordas vocais, das glândulas salivares e o melanoma da pele, para citar alguns exemplos.

Há outros tipos de câncer que, mesmo diagnosticados precocemente, em virtude de suas características, não são operáveis, como, por exemplo, os linfossarcomas e as leucemias, em virtude da íntima associação das células cancerosas desses tumores com a circulação sanguínea ou com extensas áreas vitais, o que faz com que eles já sejam generalizados desde o seu aparecimento e, por isso, exigem outros tipos iniciais de tratamento, tais como quimioterapia e radioterapia.

Muitas vezes, a cirurgia é utilizada somente para aliviar as consequências de tumores muito avançados e que dificultam atos fisiológicos básicos. É a cirurgia dita paliativa.

Por exemplo, a remoção de um tumor que impeça ao paciente de alimentar-se poderá restabelecer o trânsito alimentar. O paciente viverá assim em condições melhores o que ainda lhe resta de vida. E enquanto há vida, há transformação, e há esperança.

A cirurgia curativa, em câncer, visa a extirpar toda a massa tumoral, bem como parte dos tecidos sãos onde o tumor se encontra, tanto em superfície como em profundidade. Isto é feito com a finalidade de eliminar algumas células que porventura já tenham começado a distanciar-se do tumor inicial. Com a mesma finalidade, cuidados são tomados pelo cirurgião na ligadura dos vasos sanguíneos que levam o sangue para fora do órgão submetido à cirurgia, para evitar que, durante o ato cirúrgico, as células do tumor que é manipulado venham a cair na circulação geral e sejam espalhadas pelo organismo, em grande quantidade.

Do mesmo modo, como as células tumorais comumente tendem a invadir a circulação indo alojar-se em gânglios linfáticos, inicialmente naqueles próximos ao tumor, e depois, em outros mais distantes, a cirurgia visa geralmente também à remoção de todas as cadeias ganglionares regionais para as quais converge a circulação do órgão doente. E, para evitar que o material utilizado na ressecção do tumor venha a contaminar outros órgãos por implantação direta de células tumorais, todos os instrumentos cirúrgicos devem ser trocados após a remoção do tumor, antes de continuar a cirurgia.

Assim, trocam-se luvas cirúrgicas, tesouras, pinças, bisturis e tudo o que tiver sido utilizado. No intuito de reduzir a difusão das células tumorais, bem como no de agir diretamente sobre o tumor, podem ser empregados durante a cirurgia, ou ao seu término, alguns quimioterápicos antineoplásicos, na irrigação da área operada, antes da sutura final dos planos superficiais e da pele.

Mais recentemente, em certos casos, tenta-se associar à cirurgia, a radioterapia intra-operatória. Porém, isto ainda só é acessível a poucos centros equipados para tais procedimentos e a sua eficácia ainda está para ser determinada.

As cirurgias curativas, antigamente, pela sua extensão, assustavam muito os pacientes e até os médicos não afeitos à especialidade. O interesse na retirada total do câncer sobrepunha-se a quaisquer outros aspectos e, aparentemente, quase que em especial, aos aspectos estéticos.

Com os progressos no conhecimento da fisiologia tumoral e com a melhoria das técnicas cirúrgicas, isto já não ocorre mais, havendo hoje, uma preocupação maior do cirurgião com a recuperação tanto funcional quanto estética do órgão operado.

A própria extensão da ressecção cirúrgica sofreu várias revisões. Enquanto até há pouco tempo, em casos de câncer da mama procedia-se quase que rotineiramente à retirada total do órgão, bem como de toda a musculatura subjacente e das cadeias ganglionares peitorais e axilares, atualmente existe a possibilidade da retirada somente do caroço tumoral, conservando-se a mama. Dessa forma não há mais por que submeter uma paciente com câncer de mama a uma mutilação ampla e desnecessária, com não poucas complicações pós-cirúrgicas.

A cirurgia tem evoluído muito, com equipamentos cada vez mais sofisticados, porém, infelizmente, limitados apenas aos grandes Centros. E continua progredindo com o aprimoramento da Cirurgia Robótica, onde as incisões são menores e o cirurgião opera com maior precisão.

Dentro do tratamento cirúrgico, um aspecto que merece consideração por suas implicações práticas, ao alcance de parentes, amigos e familiares do paciente, são os cuidados pós-operatórios, pois um tratamento cirúrgico não termina com a saída do paciente da sala de cirurgia. Ele se completa quando as feridas estiverem cicatrizadas. Partindo-se desse conceito, fica patente que o pós-operatório, como terceiro ato desse tratamento, envolve não só o cirurgião, mas todos os que rodeiam o paciente, uns de forma mais direta que outros.

Sabe-se que uma alimentação rica em proteínas e em vitamina C acelera a recuperação do paciente. Porém, muitas vezes, em virtude do seu próprio estado, o doente torna-se apático e recusa a comida. Caberá, então, aos que estiverem mais chegados a ele, preocuparem-se com este item tão importante. A preocupação com a alimentação do paciente, aliada ao amor e ao carinho vão fazer com que seja encontrada a maneira mais apropriada e mais apetitosa em oferecer-lhe comida, de forma que ele a aceite.

Outro fator importante no pós-operatório são os cuidados especiais com os pacientes que devem permanecer acamados por mais dias, até recuperarem-se. Muitas vezes, tais cuidados especiais nada mais são do que a movimentação passiva do paciente para que não se formem coágulos nas suas pernas, por estase sanguínea, em consequência da imobilidade forçada. Tais coágulos, se entrarem na circulação geral, poderão dirigir-se aos pulmões ou a outros locais nobres, pondo seriamente em risco, não só o êxito da cirurgia, mas a própria vida do paciente.

Para diminuir esse risco, poderá ser suficiente fazer, no paciente deitado, um pequeno exercício que consiste em segurar-lhe os pés, forçando-os, alternadamente, para trás, e depois para frente e para baixo, como se estivesse caminhando. E não há ninguém que possa fazer esses movimentos simples, mas tão úteis, melhor do que alguém chegado ao paciente e que queira transmitir-lhe não só o benefício inerente aos próprios movimentos, mas também que queira transmitir-lhe, através desse ato, um forte desejo de que nele se intensifique a vontade de recuperar-se e de viver.

A estase brônquica, resultante de uma imobilização mais prolongada, principalmente em indivíduos idosos ou em fumantes crônicos, poderá vir a ser causa de um quadro pulmonar infeccioso, com sérios riscos para a vida do paciente. Por isso, sempre que possível, o paciente deverá ser instado a expectorar com frequência.

Infecções pós-cirúrgicas, atualmente, são mais raras, entretanto elas poderão ocorrer por contaminação direta, durante a cirurgia, ou por esterilização precária do instrumental cirúrgico. As infecções são sempre um motivo de preocupação a mais, apesar de encontrarem-se disponíveis antibióticos poderosos. É que, por mais potentes que sejam os antibióticos utilizados, de nada eles adiantarão se o próprio sistema imunológico do paciente não estiver funcionando, pois os antibióticos servem para auxiliar as defesas naturais do organismo, mas não para substituí-las! Portanto, se o organismo do paciente não reunir condições de ser ajudado, ele também não o poderá ser por nenhum antibiótico existente.

Se de um lado a cirurgia debilita o paciente pela perda de proteínas, pela perda de sangue e pelo estresse, por outro lado, até certo ponto, ela age favoravelmente sobre sua imunidade através de estimulo no sistema retículo-endotelial.

O sistema retículo-endotelial (SRE) é um sistema formado por células grandes, distribuídas por todo o organismo e que apresentam prolongamentos finos, entrelaçando-se como uma rede ou retículo. Esse sistema é muito importante no metabolismo orgânico. Assim, o corte de tecidos, como a pele, os músculos, os vasos e as aponeuroses, durante uma cirurgia, estimula o sistema retículo-endotelial a atuar não só na regeneração de novos tecidos e na cicatrização, como também na ativação do próprio sistema de defesa do organismo.

Apesar de infecções bacterianas em pacientes operados serem, em geral, graves, isto não quer dizer que sempre tudo estará perdido ou piorará por causa de uma infecção. Numa cirurgia plástica, talvez, pois a infecção poderá comprometer a cicatrização conforme o padrão desejado, mas, em câncer, não. Poderá ocorrer até o contrário.

Alguns casos de cura do câncer têm sido observados na presença de infecções associadas ao tumor: é que talvez, sob a ação de enzimas proteolíticas de natureza bacteriana, as membranas das células tumorais sofram alterações que podem torná-las reconhecíveis pelas defesas do organismo, que passam, então, a atacá-las.

É claro que ninguém ousaria infectar o doente propositadamente com uma bactéria viva, pois a infecção, vindo a disseminar-se, poderia matá-lo. Entretanto, não deixam de serem surpreendentes os resultados das experiências que a própria natureza se encarrega de fazer, como no caso de dona Clara.

Em 1969, Clara foi operada de um câncer que já havia se espalhado por quase toda a circunferência do reto, tanto em superfície, como em profundidade. Nessas circunstâncias e naquela época, era pequena a percentagem de pacientes que podia esperar uma sobrevida superior a cinco anos. Clara foi submetida à radioterapia pré-operatória e, em seguida, foi operada, com ressecção total do seu tumor e colostomia.

No pós-operatório, em virtude da queimadura de pele resultante da irradiação do tumor antes da cirurgia – ou porque a dose fosse excessiva, ou porque ela tivesse, talvez, maior suscetibilidade à irradiação, abriram-se os pontos e o corte foi infectado pela bactéria *Pseudomonas aeruginosa*. Antibióticos contra esse germe estavam apenas começando a ser colocados no mercado e era muito difícil consegui-los. Assim, a cicatrização levou nove longos meses. De dor, de angústia e de sofrimento. Recuperada, ela iniciou as visitas periódicas de seguimento, a cada três meses durante o primeiro ano. Depois, a cada seis meses. Em seguida, a cada ano.

O tempo foi passando e ela continuou por mais de quarenta e cinco anos, saudável e sem mais vestígios do câncer que a acometeu!

Será que ela estaria de qualquer jeito entre aqueles poucos pacientes que sobrevivem mais e que até se curam, ou será que o que ela passou depois da cirurgia a ajudou a chegar até onde chegou?

Uma coisa é certa – durante a sua doença, Clara mudou radicalmente. Passou a apreciar intensamente a vida e sentiu nascer, dentro de si, uma grande vontade e determinação de vencer o seu mal. Ela queria provar que era capaz disso. E provou.

Assim, naqueles casos onde surgirem complicações, vale nunca desesperar e lembrar-se de que Deus escreve sempre certo. Às vezes, pode demorar vidas para entendermos o que está escrito, mas, quando finalmente o conseguirmos, compreenderemos e aceitaremos.

Muitas vezes, apesar de cirurgias iguais de tumores aparentemente iguais e de mesma classificação, a evolução da doença poderá ter um comportamento totalmente diferente em cada paciente. Sabe-se que o que pode fazer variar o resultado é que câncer é nome genérico de uma doença que têm vários aspectos. Por exemplo, há diferentes tipos de câncer de mama e, portanto, mesmo com cirurgia inicial precoce, em alguns casos, os resultados não serão tão bons como em outros. Mas, será sempre melhor do que não operar, ou operar tarde. Ainda assim, há fatores bem mais imponderáveis do que poderíamos imaginar, intervindo na evolução de um câncer.

Que uma cirurgia bem realizada faz a sua parte e que ao paciente cabe fazer o resto pode ser exemplificado pelo caso de André. Aos 48 anos de idade ele foi levado para a mesa de cirurgia por causa de problemas gástricos que já duravam três anos e então descobriram que ele tinha um câncer raro de grandes proporções, um sarcoma, e lhe foi prognosticado apenas um mês de vida. Mas André tinha um sonho: queria ver crescer os seus filhos.

Levado a um grande Hospital especializado em Câncer, ele foi operado e, passados mais de 20 anos após muitas outras cirurgias, ele continua passando bem, seguindo uma rotina de consultas e exames especializados. A habilidade e a experiência dos especialistas que operaram André foram tão importantes quanto a sua determinação de enfrentar com bravura e otimismo o seu câncer. Hoje o sonho de André é ver crescer os seus netos.

Concluindo, podemos afirmar que, bem escolhido o cirurgião, o paciente terá entregado seu caso a um anjo, porém, quando o paciente resolver participar do seu tratamento, com sua alma, então ele terá entregado seu caso a Deus!

Capítulo VIII

Hormônioterapia e quimioterapia

Bastante utilizada pelos quimioterapeutas e pelos cirurgiões no tratamento do câncer, encontra-se a hormonioterapia que consiste na administração de substâncias hormonais ou de substâncias com ação anti-hormonal, no tratamento de tumores em órgãos como a próstata, as mamas, o útero e a tiroide.

A hormonioterapia encontra também aplicação nos esquemas de tratamento de certas leucemias, onde a administração de corticoides é importante na obtenção da melhoria do paciente.

O uso clínico de hormônios baseou-se nas observações de que um determinado hormônio, capaz de estimular um órgão a crescer, podia induzir o aparecimento de câncer nesse órgão se administrado em grandes doses e por tempo prolongado. A partir daí, em mulheres jovens com câncer de mama, tentou-se retirar, progressivamente, as fontes produtoras de hormônios sexuais, como os ovários, as suprarrenais e a hipófise.

A retirada cirúrgica de órgãos como as suprarrenais ou as gônadas (testículos, no homem e ovários, na mulher), ou a irradiação da hipófise são métodos de hormonioterapia muito drásticos e que devem ser bem ponderados, antes de utilizados. Isto porque essas glândulas, principalmente as suprarrenais e a hipófise, produzem não só hormônios sexuais, mas também outros hormônios que são fundamentais por sua participação em importantes e vitais reações biológicas do organismo.

Portanto, os pacientes submetidos à retirada dessas glândulas endócrinas deverão receber, pelo resto de suas vidas, remédios contendo os hormônios indispensáveis às suas funções vitais.

Com a descoberta dos anti-hormônios – substâncias que bloqueiam a ação dos hormônios naturais, os métodos de retirada cirúrgica de glândulas endócrinas passaram a merecer menor consideração.

Os efeitos do tratamento hormonal, apesar de quase nunca serem permanentes, podem levar a uma regressão do câncer, de vários meses de duração e às vezes até de alguns anos.

Quimioterapia

A partir da descoberta das ações tóxicas da mostarda nitrogenada sobre as células sanguíneas de marinheiros que sobreviveram ao naufrágio de um navio que carregava várias toneladas dessa substância, passou-se a pesquisá-la no tratamento do câncer, em busca da redução do número de células tumorais. A mostarda nitrogenada, substância derivada de um gás tóxico, foi, assim, o primeiro quimioterápico desenvolvido na década de 40. Hoje, já são inúmeros os quimioterápicos disponíveis.

A quimioterapia antineoplásica consiste na administração de substâncias altamente tóxicas ao paciente, de modo que, quando forem assimiladas pelas células doentes, afetem a sua reprodução, matando-as.

Drogas utilizadas no tratamento do câncer podem ser capazes de fazê-lo regredir, mas pode acontecer que, alguns meses depois, o tumor volte a crescer e não respondendo mais às drogas usadas inicialmente, obrigue ao uso de outras drogas.

A quimioterapia pode ser usada antes de cirurgia ou da radioterapia ou, mais comumente, como complemento do tratamento cirúrgico ou radioterápico, visando à erradicação das células tumorais disseminadas pelo corpo, em locais onde só mesmo uma substância levada pelo sangue poderia agir.

Em poucos e selecionados casos de tumores malignos, a quimioterapia é, por enquanto, o melhor método de tratamento, apesar de suas inúmeras desvantagens. Isto porque, infelizmente, os quimioterápicos ainda não são capazes de agir seletivamente nas células doentes e, portanto, acabam matando as células sãs também, em especial aquelas que se reproduzem mais, que são as do trato digestivo e as da medula óssea.

As células progenitoras normais da medula óssea, quando afetadas, não vão poder produzir os leucócitos, que são as células sanguíneas encarregadas dos processos de defesa do organismo contra as infecções e nem vão poder produzir as plaquetas, elementos estes que participam da coagulação do sangue. As consequências serão sangramentos, infecções e septicemias.

Na tentativa de atenuar-se a grande toxicidade, os quimioterápicos são administrados durante alguns dias, seguindo-se, depois, um intervalo sem drogas, para permitir que outras células sanguíneas sejam formadas e para que o organismo se recupere, o que pode ser verificado através de exames de sangue e exames clínicos. Quando isto ocorrer, um novo ciclo de quimioterapia é administrado ao paciente, até completar-se o número total de ciclos que lhe foram prescritos.

Entre os ciclos, na dependência da sensibilidade individual de cada paciente, a qualidade de vida poderá estar mais ou menos prejudicada em virtude dos efeitos adversos das drogas, tais como dores articulares, náuseas, vômitos, constipação intestinal ou diarreia, alterações na pele, mucosas e unhas, queda de cabelos, fadiga, fraqueza, e perda de apetite, entre outros.

Nem todos os pacientes submetidos à quimioterapia vão apresentar os efeitos colaterais com a mesma intensidade. No caso de efeitos adversos severos, que não possam ser prevenidos ou tratados, a droga poderá ter sua dose diminuída, ou terá que ser descontinuada e substituída por outra.

Fala-se muito em progresso da quimioterapia contra o câncer com a descoberta de novas drogas, sempre mais eficazes, menos tóxicas e capazes de atuar somente ao nível das células cancerígenas – a terapia alvo. Os alvos seriam proteínas específicas da célula alterada ou proteínas que ajudam o câncer a formar novos vasos sanguíneos para sua nutrição

Porém, ainda há pouco para justificar otimismo a respeito dos medicamentos da terapia-alvo, que em geral são utilizados mais em casos de câncer agressivo ou avançado. Tais drogas, às vezes, conseguem aumentar a sobrevida de alguns meses, em uma parcela pequena de pacientes, a custo de muitos efeitos colaterais.

Ou seja, a denominação terapia-alvo, ainda é, por enquanto, muito pretensiosa, e os tais quimioterápicos de última geração, lançados no mercado de forma rápida e mercantilista, às vezes apenas com base em poucos estudos clínicos de curto prazo, com resultados duvidosos quanto à eficácia, e nulos quanto ao aumento da sobrevida, servem mesmo só para aumentar os lucros dos laboratórios que os produzem.

Se algum dia vier a ser descoberta uma droga que realmente só aja nas células alteradas, então, isso sim, revolucionará o tratamento quimioterápico do câncer.

Como regra geral, quanto mais experiente o quimioterapeuta, tanto mais cauteloso vai ser, pois já descobriu que são poucos e bem específicos os casos onde a quimioterapia oferece ajuda real.

Em muitos casos, os esquemas clássicos da administração das maiores doses no menor tempo que o organismo pode aguentar, acabam fazendo com que o tiro saia pela culatra, em especial nos pacientes com câncer avançado. E ao invés de prolongar a vida com qualidade, acabam acelerando o crescimento do tumor de forma exponencial, após uma pequena e curta melhora. Isso porque, eliminadas as células tumorais sensíveis, o seu espaço é logo ocupado por aquelas resistentes, que por sua vez vão exigir drogas sempre mais potentes e com maiores efeitos colaterais, tornando ainda mais miserável a vida dos pacientes.

Não é surpresa que muitos quimioterapeutas confessam que não tomariam as drogas que receitam, caso eles tivessem câncer. Nos casos avançados, a administração de drogas deve ser de forma que, em conjunto com as defesas do organismo, as células tumorais sejam, pelo menos, mantidas estacionárias em um nível tolerável.

É importante que o paciente participe do seu tratamento e pergunte ao seu médico quais são as suas opções de quimioterapia e o que pode esperar em termos de efeitos colaterais, qualidade de vida e tempo de sobrevida.

E mesmo naqueles casos mais graves onde pouco resta a fazer dentro da medicina moderna, há sempre alguns pacientes que conseguem curas consideradas milagrosas.

A quimioterapia tem dado bons resultados no tumor de Wilms (câncer do rim que acomete crianças), na doença de Hodgkin (câncer dos gânglios linfáticos), no linfoma de Burkitt (um outro tipo de câncer dos gânglios linfáticos), no coriocarcinoma (certo tipo de câncer do útero), no mieloma múltiplo (tipo de câncer da medula óssea), em certos tipos de carcinoma do testículo e nas leucemias do tipo linfoide.

Resultados tais que, em termos de sobrevida, podem até fazer-nos pensar na cura desses tumores.

Às vezes, porém, mesmo passados vários anos depois de o paciente já ter parado com a quimioterapia e vindo a morrer por outra causa qualquer – um acidente, por exemplo – com surpresa tem-se observado nas necropsias realizadas, a presença de nichos de células tumorais viáveis entre tecidos normais, sem que, apesar disto, o paciente apresentasse qualquer manifestação clínica da doença.

Existem, portanto, mecanismos ainda não bem conhecidos que mantem as células tumorais estacionárias, até ocorrer algo que restabeleça a doença. A cura definitiva poderá ocorrer ou com a total extirpação do câncer ou com a reversão da célula alterada para o seu estado normal.

Para a grande maioria dos tumores sólidos, assim chamados por serem constituídos de massas celulares compactas (câncer de útero, de próstata, de bexiga, de cólon, câncer de pulmão de células não pequenas, e os melanomas, entre outros), um alto índice de cura é conseguido com a retirada cirúrgica total do tumor, quando da sua detecção precoce. Quando isto não for possível, para esses tumores a quimioterapia oferece em geral resultados pobres e de curta duração. Eventualmente, poderá proporcionar para alguns pacientes a parada ou a diminuição da progressão do câncer, durante certo tempo.

Para esses casos difíceis os melhores resultados são conseguidos com a individualização do tratamento para a situação especifica de cada paciente.

O alerta é no sentido de que o paciente com câncer não se submeta a tomar drogas para as quais o índice de resposta é muito pequeno e à custa de muitos efeitos tóxicos, pois isso poderá tornar a sua qualidade de vida pior do que se tivesse só a sua doença.

Mas, para informar-se, o paciente precisa saber que tem câncer. Precisa estar a par do diagnóstico. Só assim o médico vai poder lhe falar abertamente. E, o paciente, esclarecido sobre suas chances de vir a ter uma boa resposta e informado de quanto tempo vai durar essa resposta e dos efeitos nocivos a que vai submeter-se, poderá, então, decidir se vale mais a pena correr o risco de não tomar a droga.

Se o caso for um daqueles em que a quimioterapia puder oferecer realmente alguma ajuda, então sim, cônscio disto, o paciente deve participar do seu tratamento, suportando, com paciência e otimismo, as administrações dos quimioterápicos e seus efeitos adversos. Mas, se o caso for um daqueles onde a quimioterapia tiver ação limitada, o paciente deverá aceitar o tratamento só até quando este não começar a interferir muito na qualidade de vida que ainda lhe resta.

Você que ficou sabendo estar doente, aproveite a chance de preparar-se melhor, de fazer um balanço, de rever seus valores. De deixar tudo em ordem. E deixar-se em ordem. Afinal, nós todos, indistintamente, estamos morrendo um pouco a cada dia que passa.

Às vezes, é a partir da descoberta de uma doença que você passa a dar valor à vida e, pela primeira vez, você vive! E quer viver mais. E passa a participar da sua cura. A quimioterapia, a cirurgia ou a radioterapia vão dar-lhe o primeiro impulso e, depois, com a sua participação, com a sua conscientização, a cura final poderá se dar em cada uma de suas células doentes!

Portanto, esclareça-se. Engaje-se. Mobilize-se. Lute. Queira! A busca desesperada da cura em todas as direções será então centralizada, pois você passará a buscá-la dentro de si. Você trará assim mais um fator importante nessa luta. Talvez, o fator mais importante!

Os inúmeros casos registrados d cura espontânea do câncer tiveram sempre a determinação do paciente em vencer a sua doença.

Não se console com a pena que os outros possam sentir de você. Não os deixe ter pena de você. Se eles precisam sentir pena de alguém, que este alguém não seja você! Que sintam pena de si mesmos. E você, aos poucos, modificará sua visão das coisas.

Não há necessidade de abandonar os tratamentos a que está submetido. Somente não aceite qualquer tratamento que o faça sentir-se pior. Discuta seu tratamento e busque, em si mesmo, a determinação de vencer o desafio. Dessa forma, você vai ajudar a dar o exemplo, não de uma luz que está se apagando, mas de uma estrela que está nascendo.

Capítulo IX

Radioterapia

Radioterapia é outra modalidade de tratamento para alguns tipos de câncer. Pode ser empregada sozinha ou em associação com a quimioterapia e a cirurgia. A cura pela radioterapia objetiva a destruição de todas as células tumorais existentes, enquanto no seu uso paliativo, espera-se conseguir uma redução do crescimento da massa tumoral. Dos pacientes com câncer, 60 a 65% serão submetidos à radioterapia em alguma fase do seu tratamento.

O método consiste na utilização de raios emitidos por substâncias radioativas e dirigidos para onde se encontra a massa tumoral, visando a destruí-la através do desequilíbrio interno causado em cada uma de suas células pelo excesso de energia absorvida, bem como pelo desarranjo resultante do choque de partículas radioativas sobre as estruturas dos átomos das células bombardeadas.

As alterações produzidas no material genético das células fazem com que elas, no momento em que devam reproduzir-se, já não o consigam mais, por causa das lesões nos seus cromossomos, vindo, assim, a morrer. As células de maior capacidade reprodutiva, como as células sanguíneas e as células das mucosas do trato gastrintestinal, são as mais afetadas pelas radiações.

Dependendo do equipamento e da técnica utilizada, o feixe de irradiação terá maior ou menor poder de penetração e maior ou menor dispersão em volta do alvo.

São dois os tipos de aparelhos de radioterapia mais utilizados: os equipamentos com bomba de cobalto e os aceleradores lineares. Estes últimos são menos perigosos por só emitirem radiação quando ligados, ao contrário da bomba de cobalto onde a fonte de radiação é permanente.

A radioterapia pode ser feita, também, através do implante de elementos radioativos diretamente na massa tumoral. Esta modalidade de aplicação, chamada de braquiterapia, apresenta certas vantagens no tratamento de tumores em alguns tumores de difícil retirada cirúrgica, como é o caso de um câncer de pâncreas avançado, bem como apresenta também certas vantagens em pacientes idosos e com problemas gerais de saúde, como arteriosclerose e diabetes e que, portanto, dificilmente suportariam uma grande cirurgia.

Para ser bem sucedida e segura, a braquiterapia deve ser feita por radioterapeutas com treinamento específico nessa técnica.

Na radioterapia, as células normais são atingidas tanto quanto as células cancerosas e sofrem os mesmos processos que as levam à morte. O que confere à radioterapia uma margem de ação terapêutica é que a dose necessária para matar uma célula cancerosa é menor do que a dose necessária para matar uma célula sã e esta se recupera dos efeitos nocivos da irradiação, em menor espaço de tempo.

A pesquisa em radioterapia visa à descoberta de substâncias tais que, quando ingeridas pelos pacientes antes das aplicações, protejam as células sãs e sensibilizem as células cancerosas aos efeitos da radiação, melhorando, assim, a margem terapêutica desse método de tratamento.

A radioterapia é uma poderosa arma terapêutica que tem indicação curativa naqueles tumores ditos radiossensíveis às radiações ionizantes, como, por exemplo, nas fases iniciais da doença de Hodgkin, no seminoma, que é um tipo de tumor do testículo, no meduloblastoma, que é o tumor do cérebro mais comum em crianças e adolescentes, e em certos tumores ósseos, que são os tumores de Ewing.

Durante algumas semanas o paciente é submetido a doses pequenas, cumulativas, que são aplicadas até completar-se a dose total que lhe tenha sido prescrita. Para este cálculo, bem como os cálculos do tamanho da área a ser irradiada, da dispersão do feixe de raios ao redor do tumor e do tempo de exposição do tumor a cada uma das doses parciais de radiação, empregam-se sofisticados computadores.

Quando a radioterapia é empregada para alívio dos sintomas pela redução parcial da massa tumoral, a dose total empregada é menor do que a que seria empregada, caso a finalidade fosse curar o paciente.

Mas, apesar da sofisticação dos aparelhos utilizados, podem ser muitos os efeitos tóxicos resultantes de aplicações radioterápicas na busca de tratar o paciente de um mal cuja causa nem sequer conhecemos ao certo, ainda. E os efeitos tóxicos podem ser tanto locais quanto gerais, ou seja, poderão manifestar-se diretamente no trajeto do local irradiado, com lesões da pele irradiada, iguais a queimaduras, ou poderão ocorrer náuseas, vômitos, sangramentos, diarreia, cansaço, perda de apetite, diminuição da resistência às infecções e emagrecimento.

Alguns efeitos adversos gerais poderão ocorrer mesmo quando da irradiação de um único órgão, pois, como o fluxo sanguíneo dos órgãos irradiados não pode ser interrompido, as células sanguíneas nucleadas que passarão pelo local durante a irradiação, serão afetadas.

No caso dos ovários ou dos testículos estarem envolvidos no campo de irradiação, a esterilidade será a consequência a ser esperada. Quando a medula espinhal for atingida e lesada por falta de observância dos devidos cuidados, a consequência poderá ser uma paraplegia flácida e dolorosa. Isto quer dizer que o paciente, além de não poder mais locomover-se com suas próprias pernas, sentirá também fortes dores nelas.

Portanto, a radioterapia, mesmo naqueles casos selecionados em que pode vir a beneficiar o paciente, não por ser o tratamento ideal, mas por ser o que de melhor se dispõe no momento, ela se transformará num instrumento não de alívio, mas de sofrimento, se o profissional não for altamente qualificado e se não tiver acesso a todos os modernos meios técnicos disponíveis.

A radioterapia, aplicada de maneira empírica em paciente onde, sabidamente, os resultados não são satisfatórios, unicamente na tentativa de se fazer alguma coisa, na esperança de que talvez venha a funcionar, não é muito diferente do que fazem os que usam métodos alternativos.

Assim, não é raro haver pacientes com tumores avançados e radiorresistentes submetidos a doses excessivas e desnecessárias de radioterapia.

Com isto, queremos destacar a importância do médico que vai participar do tratamento do paciente. Ele deve ser experiente e com formação humanística, cujo desejo de ser útil ao paciente supere sempre a ânsia pelo lucro e pela ambição pessoal.

Um médico que pese todas as suas ações pelo sagrado princípio hipocrático do *"sedare dolorem opus divinum est"*, ou seja, "amenizar a dor é uma obra divina", cujo corolário é *"primum non nocere"* ou "em primeiro lugar, não prejudique doutor".

No que se refere ao paciente, ninguém deveria estar mais interessado do que o próprio em conhecer bem quais são seus possíveis riscos e benefícios, pois, afinal, é ele quem vai ser irradiado e ninguém mais.

Capítulo X

Imunoterapia

Como o alvo principal no tratamento do câncer é a eliminação das metástases, espera-se que os componentes do sistema imunológico, adequadamente estimulados, possam ser eficazes na erradicação de células tumorais capazes de dar origem a focos metastáticos.

A quimioterapia e a radioterapia visam à mesma coisa, mas se pudermos realizar isso através do próprio organismo, os benefícios serão incomparáveis, frente à toxidade inerente à quimioterapia e à radioterapia, que são armas poderosas que, porém, atacam tanto as células cancerosas quanto as células normais.

O sistema imunológico juntamente com o sistema nervoso central e o sistema endócrino constituem importante tripé para a manutenção do estado de saúde e é do funcionamento normal e integrado de cada um deles que depende a existência saudável da pessoa humana. Cada um desses sistemas possui um mecanismo próprio de regulação, através das mensagens recebidas da periferia (meio externo) ou do próprio organismo (meio interno) e que, na essência, é um mecanismo similar para os três. Ou seja, quaisquer anormalidades orgânicas internas ou estímulos externos são captados por esses sistemas, que se encarregam de uma resposta adaptativa do organismo visando à manutenção da saúde.

Portanto, o milagre da vida, com todas as suas potencialidades embasa-se neste tripé – sistema nervoso central, sistema endócrino e sistema imunológico – do qual o sistema imunológico e o sistema endócrino são elementos indispensáveis e o sistema nervoso central, através do cérebro, com sua volição, seu querer, sua força de vontade, é o principal elemento. O sistema endócrino é constituído por glândulas que lançam seus produtos diretamente na circulação sanguínea, como por exemplo a tiroide, as suprarrenais, as gônadas e a hipófise. E o cérebro, integrante do sistema nervoso central, é considerado, por renomados neurofisiologistas, a maior glândula endócrina do organismo. E finalmente, o próprio sistema imunológico tem no *hormônio tímico*, produzido pela glândula endócrina chamada *timo*, um fator importante e decisivo para o seu normal desenvolvimento e funcionamento.

A imunoterapia contra o câncer parte do princípio de que existe na célula tumoral algo que é diferente da célula normal e que é capaz de permitir sua detecção e destruição. Além disso, nesta perspectiva está implícita a crença de que o câncer é também consequência de uma diminuição ou ausência de resposta imunológica do paciente frente à agressão oncogênica representada pelos fatores de risco.

Vejamos a seguir, em linhas gerais, a biologia das células envolvidas na imune-resposta.

O sistema imunológico é constituído fundamentalmente por células e por um fator proteico complexo chamado *complemento*. Quanto às células, há umas chamadas *linfócitos*, que se encontram no sangue circulante, no baço e nos gânglios linfáticos, e há outras chamadas *macrófagos*, encontradas no tecido conjuntivo e que se originam dos monócitos circulantes no sangue. Os macrófagos auxiliam e são auxiliados pelos diferentes tipos de linfócitos e pelo complemento, em sua função de ingestão e digestão de partículas estranhas.

As funções a serem exercidas pelos linfócitos irão depender de eles terem sofrido, ou não, a influência das ações dos hormônios produzidos pela glândula *timo* durante a fase de gestação. Ao nascimento, o timo localiza-se sobre o coração e pesa poucos gramas. Aos poucos, ele vai aumentando de tamanho, chegando a pesar trinta gramas por ocasião da puberdade, quando então começa a involuir. Sob a influência do timo, alguns linfócitos irão transformar-se em células com determinadas funções: serão os *linfócitos timo-dependentes* ou, simplesmente, os *linfócitos T*. Os linfócitos que não sofrem a influência do timo e de seus hormônios durante a gestação, irão constituir os *linfócitos bursa-equivalentes* ou *linfócitos B*, assim chamados porque, nas aves, estes linfócitos são produzidos por um órgão chamado *bursa*.

A função dos linfócitos B é formar anticorpos contra elementos estranhos ao organismo, permitindo, deste modo, que as células chamadas *macrófagos* e as células chamadas *polimorfo nucleares neutrófilos* se encarreguem de ingerir e digerir o complexo formado. Os linfócitos B são, portanto, as células responsáveis pela *imunidade humoral*, que é a imunidade mediada por anticorpos.

Os linfócitos T são responsáveis pela *imunidade celular*, que é a imunidade mediada pelas próprias células linfocitárias, diretamente ou através da liberação de certas substâncias. De acordo com as substâncias produzidas e suas funções, podemos classificar diferentes tipos de linfócitos T, sendo os mais encontrados os *linfócitos timo-dependentes auxiliadores* e os *linfócitos timo-dependentes supressores*. Normalmente em maior quantidade, o linfócito auxiliador tem por função, como o próprio nome revela, auxiliar a imune-resposta e isto ele realiza diretamente ou através da liberação de substâncias específicas.

Entre as substâncias conhecidas, temos fatores como as *interleucinas*, que recrutam e ativam outras células de defesa; fatores que diminuem a velocidade de circulação das células imunológicas que passam próximo ao local afetado; fatores que promovem uma multiplicação mais rápida das células imunológicas e fatores, como o *interferon*, que impedem que substâncias virais penetrem em células sadias, invadindo-as.

Para evitar que o processo de defesa venha a exacerbar-se e passe a ser prejudicial, ele é controlado pelos linfócitos supressores, os quais, também, diretamente ou através da liberação de substâncias específicas, interrompem a reação imunológica tão logo esta tenha sido eficaz nos seus objetivos.

Existe, portanto, uma interdependência equilibrada entre os linfócitos B, os linfócitos T auxiliadores, os linfócitos T supressores e os macrófagos.

Em condições normais, se espera que o sistema imunológico atue reconhecendo e atacando os elementos estranhos que agridem o organismo, tais como, vírus, bactérias, fungos, venenos, ou qualquer célula que seja diferente das demais células do organismo, como, por exemplo, as células transplantadas de um doador.

Por motivos em sua maioria ainda desconhecidos, quando o sistema imunológico passa a não reconhecer mais as suas próprias células podem ocorrer doenças autoimunes. E quando, por algum motivo, também desconhecido, não conseguir reconhecer e atacar as células alteradas do próprio organismo que tenham sofrido alguma alteração pode ocorrer um câncer. Pelo uso de inúmeras substâncias, a imunoterapia antineoplásica tenta ativar os elementos do sistema imunológico para que passem a reconhecer e destruir as células tumorais.

Tentando delinear um pequeno histórico da imunoterapia em câncer, cumpre citar, inicialmente, as observações feitas em 1876, pelo médico Friedrich Fehleisen, na Alemanha, chamando a atenção para algumas regressões espontâneas de câncer em pacientes com determinadas infecções.

Assim, o desenvolvimento de um processo infeccioso por alguma bactéria, após uma cirurgia, poderá tornar o processo de cura mais moroso, mais mórbido e até piorá-lo definitivamente. Mas, nem sempre será desse modo, porque, após o controle da infecção pode-se, às vezes, numa análise retrospectiva do caso, chegar à conclusão de que a própria infecção poderá ter sido até um fator a mais, contribuindo para uma melhor evolução do paciente frente ao câncer.

Posteriormente às observações do Dr. Fehleisen de que certos tipos de câncer regrediam após os pacientes terem erisipela, que é uma infecção da pele causada pela bactéria *Streptococcus pyogenes*, o Dr. William Coley, do Hospital do Câncer em Nova York, introduziu o uso das chamadas "toxinas de Coley", que eram obtidas a partir das bactérias mais comumente associadas com a regressão espontânea ou com a melhor evolução dos tumores, tais como *Staphylococcus sp, Streptococcus sp, Diplococcus pneumoniae, Mycobacterium tuberculosis* e *Pseudomonas aeruginosa*.

Ou seja, o Dr. Coley utilizava os produtos resultantes da atividade bacteriana e os administrava aos pacientes, na tentativa de fazer as toxinas agirem sobre as células cancerosas, matando-as.

Sucederam-se as observações do Dr. Israel Holmgren, de Estocolmo, relatando pequena incidência de câncer entre os seus pacientes com tuberculose e também as observações do Dr. Villasor, de Manila, em 1960, relatando que pacientes com câncer avançado respondiam melhor ao tratamento associando-se à quimioterapia o Bacilo de Calmette e Guérin (BCG), que é uma forma atenuada do bacilo causador da tuberculose.

Com o crescente desenvolvimento das técnicas imunológicas, a partir de 1970 começou-se a busca e o desenvolvimento de substâncias imunoterápicas em câncer, intensificando-se em 1975, quando o Comitê Científico do Instituto Nacional do Câncer, nos Estados Unidos, recomendou que se estudasse o *interferon*, uma substância normalmente produzida pelas células de defesa existentes no organismo humano, quando exposto a infecções virais.

Nessa ocasião, um dos critérios, talvez o mais importante, para os centros médicos participarem do trabalho, foi a de terem a capacidade de monitorarem o estado imunológico do paciente e suas alterações. Ou seja, os centros envolvidos deveriam dispor de laboratórios de imunologia aptos a realizarem testes altamente especializados, para acompanhamento dos pacientes.

Com toda probabilidade, como todo histórico, este também deve ser falho no sentido de fazer justiça a quem realmente fez as primeiras observações. Tem certo valor, porém, para destacar alguns marcos de uma linha de fatos que culminaram com o estabelecimento da imunoterapia antineoplásica que, apesar do seu desenvolvimento, ainda se encontra na fronteira entre empirismo e ciência, havendo muito trabalho a ser feito, ou seja, por enquanto é um promissor método experimental com potencial curativo.

Os agentes imunoterápicos aprovados em oncologia são poucos ainda e são usadas no tratamento de apenas alguns tumores (câncer de bexiga em sua fase inicial, e melanoma com metástases).

Sabe-se que a primeira defesa contra doenças e infecções é a *resistência natural ou orgânica*. Pouco conhecida ainda no seu mecanismo de ação, supõe-se que seja essencialmente dependente da constituição genética do indivíduo. A resistência natural é exemplificada por aqueles indivíduos saudáveis, mas tolos, que se ufanam de beber e de fumar muito e há muitos anos e de continuarem fortes e com saúde!

Quando a resistência natural falha ou é insuficiente, o organismo agredido passa então a utilizar os elementos do sistema imunológico para propiciar-lhe um estado de *imunidade*, ou *resistência adquirida*.

Além da constituição genética, um dos principais componentes do mecanismo de resistência orgânica, capaz de propiciar a mais poderosa e eficaz defesa contra quaisquer coisas prejudiciais à saúde, é aquele que consiste no exercício da mais absoluta confiança nos próprios pensamentos positivos: é a fé em si mesmo e nas próprias convicções!

Com certeza não há quem não conheça ou já não tenha ouvido falar de algum caso onde a fé tenha operado verdadeiros milagres. A esse respeito, interessante é o caso de Max von Pettenkofer e seus assistentes.

Lá por volta de 1880, na Europa, Pettenkofer, professor de universidade e higienista de renome, era um dos grandes defensores da teoria dos miasmas, ou seja, ele acreditava e ensinava que as doenças infecciosas eram causadas por substâncias originárias de lugares pestilentos e que se espalhavam por intermédio do ar. E, com extrema convicção em suas ideias, ao dar aulas, costumava ironizar e fazer pouco dos trabalhos dos que apontavam as bactérias como responsáveis pelas doenças infecciosas, entre os quais, Robert Koch, como bacteriologista destacado, era o mais visado.

A polêmica exacerbou-se levando então Koch a enviar ao seu oponente, para que ele realizasse suas próprias experiências, um frasco com grande quantidade de uma cultura de vibrião colérico que havia isolado de pacientes com cólera (infecção intestinal que se caracteriza por diarreia profusa de fezes com aspecto de água de arroz e evolui com lesões hemorrágicas no intestino e morte).

Quando o material lhe chegou às mãos, Pettenkofer não se fez de rogado e nem teve dúvidas. Sala de aula repleta, ele se dirigiu à cátedra e tão logo acabou de ler, em voz alta, a carta de Koch convidando-o a realizar experiências em cobaias com o material do frasco, abriu-o e começou a tomar grandes goles do conteúdo líquido e turvo, exteriorizando, com absoluta convicção, sua certeza de que aquilo não iria lhe fazer mal, pois ele estava certo em suas teorias e provaria, assim, que Koch estava errado.

Em sinal de solidariedade e principalmente por necessitarem dar prova de que também compartilhavam as ideias de Pettenkofer, seus dois assistentes, sem muito entusiasmo, porém, lhe seguiram o gesto, tomando eles também alguns goles do líquido que Koch havia enviado.

A Pettenkofer, conforme ele previra, realmente não aconteceu nada e por quão sensíveis fossem os vibriões coléricos à acidez gástrica, a quantidade de germes que ele ingerira havia sido tão grande que a neutralização pela acidez estomacal não seria suficiente por si só para justificá-lo ter continuado tão saudável como antes.

Entretanto, seus dois assistentes vieram a falecer rapidamente, tendo adquirido uma forma grave da doença.

Casos iguais a esse, onde fé e emoções desempenham importante papel no desenvolvimento da imunidade, servem de base à psicobiologia e à psicoimunologia, ciências que se preocupam com as interações entre o corpo e a mente, pois, afinal, se milagres acontecem, conhecendo-se como, talvez possamos consegui-los quando mais os necessitarmos!

Capítulo XI

Métodos alternativos de tratamento

Não é raro encontrar-se, nos dias atuais, dentro do arsenal terapêutico de muitos médicos, além da cirurgia e dos remédios mais ou menos encontráveis nas farmácias e hospitais, outros métodos terapêuticos, tais como a homeopatia, a acupuntura, a cromoterapia, as aplicações de raio laser, a bioenergética, a macrobiótica, a massagem oriental, e por aí afora. Pode-se também citar casos de pacientes que obtiveram considerável alívio de seus males ou até a cura, como resultado de cirurgias espirituais praticadas por médiuns ou como resultado de sessões em terreiros de umbanda, existindo até mesmo terreiros especializados em determinadas doenças!

Considerando que, independentemente de qual seja o método usado, sempre há pacientes que conseguem auferir excelentes resultados clínicos que resistem até a uma análise objetiva, sob o prisma da medicina científica, analisemos sucintamente alguns desses outros métodos terapêuticos, tentando achar neles um fator em comum que nos ajude a entender um pouco da dinâmica desses processos curativos que, como qualquer outra terapia funcionam até melhor quando selecionados ao gosto do paciente, por ele sentir-se mais afim com esta ou aquela técnica.

Na acupuntura, a aplicação das agulhas em determinados pontos da superfície do corpo do paciente visa a atuar em certos centros nervosos, tentando restabelecer o equilíbrio energético que se encontra alterado.

A moxa, ou mocha, é um outro método de origem oriental que também tenta restabelecer o fluxo normal de energia pela implantação na superfície da pele, e posterior combustão, de pequenas hastes de artemísia – uma planta que é macerada e depois comprimida com as mãos até adquirir o formato desejado, com uma consistência mais firme, que permite sua introdução na pele.

Tal como a acupuntura, baseia-se na premissa de que dores de estomago, dores ósseas, dores de cabeça, fraqueza e outros males originam-se de desequilíbrio do fluxo energético normal que está sob a coordenação do sistema nervoso.

Ao invés de agulhas ou de pequenas hastes de artemísia, a quiropatia usa as mãos para exercer pressões e massagear certas partes do corpo, em especial, a coluna vertebral, por onde passam os nervos. Baseia-se no fato de que as funções importantes do corpo são controladas pelo cérebro e pelos nervos que passam entre as vértebras, e a saúde resultaria do funcionamento apropriado do sistema nervoso.

Rituais e práticas em terreiros de umbanda, também tentam melhorar as condições energéticas do organismo através de passes, de ritmos e de um ambiente propício para esse fim, desde que exista alguma receptividade do indivíduo em relação ao que vai ser dito ou ao que vai ser feito, pois há muitos aspectos folclóricos e religiosos envolvidos nesses procedimentos.

Regimes macrobióticos, por sua vez, tentam recuperar a harmonia física que se teria perdido pelos maus tratos infligidos ao corpo quando da sua entrega aos venenos que nos cercam, tais como as substâncias químicas que contaminam por via direta (acidulantes, corantes, aromatizantes, etc.) ou indireta (antibióticos, inseticidas, etc.) os alimentos que ingerimos ou a água que bebemos.

A macrobiótica visa ao restabelecimento do equilíbrio energético a um nível mais profundo do organismo, por uma ação no próprio metabolismo da célula, através da ingestão de alimentos naturais e não poluídos.

De fato, considerando-se que a célula com seus constituintes é a unidade responsável pela transformação da energia existente nos alimentos em energia vital, quanto mais natural e harmônica a alimentação, tanto melhor será sua assimilação e aproveitamento.

Enfim, aparentemente, esses métodos terapêuticos alternativos tentam restabelecer o equilíbrio energético do corpo através de ações sobre o sistema nervoso.

Todavia, frente a uma doença grave, o paciente deverá sempre consultar primeiro um especialista. Depois então, se o desejar, poderá usar outros métodos como um complemento. De outra forma, poderá ser perdida para sempre a chance de cura.

Capítulo XII

Pesquisa

A pesquisa faz parte de quase todas as atividades do ser humano. Consciente ou inconscientemente. É a procura do melhor caminho para se chegar a um determinado local. É a procura de onde se pode comprar um artigo mais barato e melhor. É a procura do melhor programa de televisão, do melhor emprego, da melhor companhia, do melhor estilo de vida. E assim por diante. Tudo isso é pesquisa e reflete a ansiedade do homem na busca de qualquer coisa que ele julgue que o levará mais adiante e mais próximo do seu objetivo de satisfação pessoal. Mais próximo da Felicidade. Da Saúde. E da Paz. Essa busca do homem por algo melhor é um dos elementos que o impulsiona a evoluir em qualquer atividade a que ele se dedique. Não importa qual ela seja.

Em medicina, a pesquisa é um elemento importante e fundamental para o progresso, em especial naquelas áreas nas quais ainda não se chegou aonde se gostaria de ter chegado.

Considerando-se que, apesar de todos os avanços da medicina moderna, muitos pacientes com câncer ainda não podem ser curados, torna-se óbvio que é principalmente para esses pacientes que deve ser orientada a pesquisa dentro de um hospital dedicado ao tratamento do câncer, pois aí, mais do que em qualquer outro lugar, reconhece-se que, apesar dos tratamentos mais atualizados, ainda há muito para se aprender e um longo caminho a percorrer. E são os problemas clínicos que, levados ao laboratório, dão ensejo a que se complete a tríade tratamento-pesquisa-ensino, que é o que deve caracterizar os Hospitais do Câncer.

Os objetivos fundamentais da pesquisa em cancerologia visam ao controle da doença metastática e à reversão da célula neoplásica para célula normal. Para atingirmos tais objetivos, devemos fazer uso do que já sabemos e estabelecer teorias.

Sabemos que as menores unidades da matéria têm determinada vibração, que é característica para cada elemento da matéria. A união dos elementos forma substâncias mais complexas e, portanto, com maior frequência vibratória. As substâncias complexas participam da constituição de uma célula e o organismo inteiro, que é composto de células, tem uma determinada frequência vibratória que é o resultado do conjunto das frequências vibratórias de cada órgão.

Desse modo, cada célula é uma pequena bateria biológica com uma diferença de potencial, entre o seu núcleo e o citoplasma, que pode ser medida e registrada através de elétrodos. Encontramos exemplos comuns disto, com as respectivas aplicações práticas, na realização de um eletrocardiograma ou de um eletroencefalograma.

Assim, uma célula doente é uma célula com seu padrão de vibração alterado e um conjunto de células doentes vibra diferentemente. Haja vista o que ocorre nos distúrbios cardíacos onde o eletrocardiograma se mostra alterado. Do mesmo modo, uma célula cancerosa ou um conjunto de células cancerosas também vibra diferentemente das células normais correspondentes.

Se formos capazes de orquestrar as vibrações dos elementos da matéria, poderemos afinar a célula ou as células doentes, fazendo com que passem novamente a vibrar em harmonia com as células sãs. E quando formos capazes de orquestrar todas as vibrações, então o organismo vibrará em uníssono e desta forma se integrará com a frequência vibratória universal.

A meditação é um dos métodos que visa a essa finalidade. Harmonizar você para que você sintonize a fonte de toda a Energia. E o amor é o maestro que rege essa afinação. Só então você saberá o que é o AMOR, pois você e o AMOR serão um só.

Objetivando restabelecer a frequência vibratória normal das células doentes, a medicina convencional emprega seu arsenal terapêutico constituído de antibióticos, hormônios, cirurgias, radioterapia, quimioterapia, e inúmeras outras drogas, porém, em geral, subestima os poderosos processos mentais que, quando ativados e educados, participam decisivamente dos processos curativos que agem, talvez, através do estímulo da produção e da liberação de substâncias endógenas, isto é, substâncias produzidas pelo próprio organismo, com acentuados efeitos farmacológicos, e que ainda não somos capazes de identificar e, obviamente, muito menos capazes de sintetizar, em laboratório.

Assim, os principais aspectos que continuarão a merecer atenção nos próximos anos, dentro da pesquisa em cancerologia, são os ligados à epidemiologia, à carcinogênese *in vitro*, tanto a nível celular como a nível molecular, os aspectos ligados ao estudo da membrana plasmática, aos vírus oncogênicos, aos modificadores da resposta biológica e ao diagnóstico imunopatológico.

Ou seja, nos próximos anos, continuarão as buscas das causas do câncer, do por que algumas pessoas ficam com câncer e outras não, de como o câncer se desenvolve, de como podemos diagnosticar mais precocemente o câncer e de que forma podemos combater o câncer.

Continuarão na próxima década, e talvez nas próximas décadas a repetirem-se as mesmas perguntas que têm desafiado os cientistas há centenas de anos, em busca de respostas, se não definitivas, pelo menos cada vez mais próximas. Sim, porque, muitas vezes, quando não se encontra a resposta final à pergunta formulada, os resultados vão permitir reformular-se melhor a pergunta inicial e isso já será algum processo.

Vez ou outra, o cálice se completa e, então, a pesquisa é coroada com a aplicação prática das descobertas! Os resultados, nestes casos, são magníficos! Abrem-se novos horizontes.

É a descoberta da anestesia, dos analgésicos, dos anti-inflamatórios, das vacinas, dos hormônios, dos antibióticos, dos quimioterápicos, entre tantas outras descobertas que têm permitido a um sempre maior número de pessoas atingirem idade mais avançada e viver de forma mais confortável.

Claro que em pesquisa se deve sempre usar da prudência para evitar conclusões apressadas e deve-se usar bom senso na interpretação e na aplicação das experiências realizadas. Mas, para não interromper o progresso e, em última análise, a própria essência do pesquisar, a pesquisa não deve ater-se ou limitar-se a métodos estabelecidos.

A pesquisa deve ser corajosa e regada com muita paciência e perseverança, pois são os resultados iguais de experiências exaustivamente repetidas que irão dar confiabilidade aos resultados finais. Confiança em si e confiança nos resultados das próprias pesquisas permitem resistir às chacotas dos que querem elevar-se desmoralizando os outros, pois destruir é bem mais fácil do que construir.

Infelizmente, não são poucos os exemplos de pesquisadores a quem o futuro fez justiça, mostrando estarem certos, e que chegaram a suicidar-se por acreditarem ter errado e por terem sucumbido ao escárnio de outros pesquisadores, barulhentos e medíocres.

Em uma pesquisa, idealmente deve-se tentar responder a uma só pergunta de cada vez, pois é a concentração num objetivo bem definido que vai fazer com que afluam as ideias e estas vêm sempre a quem se dedica com afinco a um determinado assunto. E é a intuição que estabelece os laços entre o conhecido e o desconhecido, trazendo repentinamente a recompensa.

É extremamente interessante notar como os problemas que nos assediam durante o dia, muitas vezes, enquanto relaxamos por alguns momentos, ou enquanto dormimos, encontram sua solução em um sonho que, trazido ao estado de vigília, encerra a resposta ou a solução que tanto buscávamos! Respostas e soluções a muitos problemas e a muitas perguntas. Tanto que, muitos homens e mulheres bem sucedidos, na hora de deitar para dormir, não deixam de colocar lápis e papel à mão, para anotar quaisquer intuições que possam ocorrer-lhes logo ao acordar, com base nos seus sonhos. Isto ajuda a desvendar não só o mundo material, mas também o mundo psíquico. E é este que estrutura aquele, o material.

Soubéssemos realmente aproveitar nossas horas de sono e de sonhos, o mundo já seria bem melhor.

Do que foi comentado, fica patente que o bom pesquisador, em qualquer área, é essencialmente um virtuoso que cultiva a paciência, a perseverança, a prudência, a humildade e a intuição, além da confiança e da concentração.

Tudo isto, posto em prática, leva à SABEDORIA, que é o conhecimento da REALIDADE. É quando nenhuma pergunta necessita mais ser respondida, pois não há mais perguntas quando o objeto do estudo e o estudioso se tornam uma coisa só!

A história da vida dos pesquisadores e de suas obras, no fundo, é uma única história contada de diferentes modos, sobre um mesmo assunto: o AMOR. Amor ao próximo, amor à vida, amor a tudo, amor ao amor.

O amor os impulsiona e depois, por inércia, continuam, muitas vezes esquecidos até de que foi por amor, em algumas das suas formas, que começaram tudo.

Há muitas pessoas, em todos os níveis sociais e culturais, que julgam já existir a cura do câncer, mas que interesses outros evitam sua divulgação. A quem pensa assim vale lembrar-lhe que não são poucos os grandes empresários de indústrias multinacionais, os presidentes de grandes países e as maiores autoridades médicas em câncer que têm no seio de suas famílias – quando não eles próprios – entes queridos doentes que vêm a morrer de câncer. E isso os faz chorar. E os faz sofrer. E faz todos nós seguirmos adiante com determinação em nossa luta e pesquisa contra o câncer.

E leva alguns de nós à descoberta de energias estranhas, apesar de inerentes ao próprio homem. Energias estas responsáveis por fenômenos notáveis. Como a energia emitida pelas mãos e pelos pensamentos de uns, capaz de agir curativamente em outros.

Capítulo XIII

Vontade de viver ou desejo de morrer

Em Medicina, 380 anos a. C., Hipócrates introduziu a noção da anamnese, que ainda é a base da clínica. A anamnese consiste em perguntar ao paciente o que é que ele está sentindo, tentando esmiuçar ao máximo os seus sintomas a fim de poder elaborar um diagnóstico.

Em sua origem, a anamnese não tinha por finalidade apenas o diagnóstico, mas também a cura. Por meio de perguntas e de uma narrativa dirigida, visava a que o paciente recordasse e compreendesse o que transgrediu para poder entender por que ficou doente e dessa forma pudesse participar do tratamento da sua doença.

A motivação, espécie de impulso, força interior ou energia psíquica que faz com que as pessoas deem o melhor de si para atingir seus objetivos e conquistar o que ardentemente almejam é um dos fatores mais importantes na cura de uma doença grave, mas em geral é transcurado pelos médicos, que dificilmente chegam a discuti-lo com seus pacientes.

Dentre os casos de pacientes com doenças graves há muitos que, como os brevemente descritos a seguir, parecem nos dar pistas para o entendimento de alguns dos mecanismos envolvidos quando o paciente se encontra entre querer viver ou desejar morrer.

Em 1917, ao Dr. Edward Bach, o médico inglês responsável pela descoberta dos remédios florais, prognosticaram três meses de vida. Apesar disso, ele continuou totalmente envolvido com seus trabalhos e quando se deu conta, os três meses haviam se passado de há muito e estava curado de uma doença grave. Concluiu ele que "um interesse absorvente, um grande amor ou um propósito definido na vida, são fatores decisivos para a saúde e a felicidade do homem". E em 1936, pouco antes de morrer disse: "A minha tarefa está cumprida e a minha missão neste mundo está terminada".

Stephen Hawking, físico teórico, em 1964, recebeu o diagnóstico de uma grave doença neurológica degenerativa com um tempo médio de sobrevida de poucos anos. Atualmente, há mais de 50 anos depois do diagnóstico, apesar da paralisia de quase todos os músculos do seu corpo, Stephen continua com seus trabalhos de pesquisa e conferências.

Um caso surpreendente aconteceu em um Hospital de referência no tratamento de queimaduras. Um caminhão sofreu um acidente na rodovia e pegou fogo. Os seus ocupantes, um garoto de dez anos, e seu tio, de uns trinta anos, ambos com queimaduras de segundo e terceiro grau em grande extensão do corpo, foram levados ao Hospital e internados em alas separadas. A criança veio a falecer depois de poucas horas, e o tio, por sua vez, respondia ao tratamento e todo dia perguntava como estava o amado sobrinho. Os médicos e a enfermagem combinaram não contar a verdade para não abalar o homem enquanto estava se recuperando. Mas, eis que, em uma mudança de plantão, uma enfermeira desavisada ao ser questionada pelo tio sobre o estado de saúde do sobrinho, disse-lhe que o menino havia morrido logo ao dar entrada no Hospital. A partir disso, o homem, que estava melhorando dia a dia, começou a definhar, desenvolveu uma infecção generalizada e veio a morrer rapidamente.

Outro caso que ilustra o conflito entre a vontade de viver e o desejo de morrer costumava ser contado por um eminente professor de cancerologia para enfatizar que há fatores bem mais imponderáveis do que poderíamos imaginar intervindo na evolução de uma doença. Uma sua paciente que havia sido operada de câncer de mama, durante muitos anos apresentou resultados negativos para a presença do câncer. Em certa ocasião, a paciente, que vinha de outra cidade, resolveu regressar para casa antes do previsto e qual não foi a sua surpresa ao entrar em casa, ver o marido com outra mulher na cama do casal. Pouco depois, a paciente veio a falecer com metástases disseminadas por quase todo o seu organismo.

O paciente pode então recusar-se a viver e optar pela morte?

Pode sim! E os casos onde isso pode ser identificado apontam para possibilidades tais como, ou o paciente recusa-se a viver, pois perdeu a grande motivação que o impulsionava, ou então, de forma inconsciente, o paciente passa a aceitar a morte como o que de melhor possa haver para si, por aceitar o fato de que já cumpriu com sua missão nessa vida e a morte já não o assusta mais, tornando-se até algo desejado.

Mas, se o paciente ainda tiver amor à vida, com as lições que a doença lhe ensina, vai esforçar-se então para restabelecer o seu equilíbrio emocional e a conexão psicofísica.

A importância da motivação pode ser exemplificada também pelo caso da Isete, conforme seu próprio relato: *Aos 16 anos descobri um osteossarcoma (é o câncer ósseo mais comum em crianças e adolescentes e quando metastático, tem em geral rápida progressão e um pior prognóstico) e, com o avanço da doença, tiveram que amputar o membro superior esquerdo completo, braço e ombro. Fiz um longo e doloroso tratamento, o câncer estava também nos pulmões e ambos foram operados. A batalha parecia não ter fim, me sentia sem forças a cada novo ciclo de quimioterapia. Mas, como eu sempre acreditei que existia luz no fim do túnel, me segurei ao máximo, acreditando sempre em Deus, nos médicos e em mim. A única coisa que eu tentava fazer mesmo nos momentos mais difíceis era sorrir. Quando eu sorria algo mágico acontecia dentro de mim, eu via as pessoas felizes, principalmente meus pais. Depois de tudo isso, eu só queria viver feliz e celebrar cada dia como se fosse o último, e assim tenho feito! Fui procurar a dança no intuito de me sentir melhor, mais mulher, mais poderosa. Eu acreditei em mim. Poderia ter desistido após a amputação, acreditando em uma barreira que me impedisse de realizar os sonhos. Mas continuei me amando! Estudei, trabalhei, cresci e evolui. Estou com 36 anos e sou amputada há 20.*

Esses casos e inúmeros outros servem para dar testemunho da afirmação do Dr. Franz Gabriel Alexander (1891 – 1964), fundador da medicina psicossomática, de que "*o fato mais essencial que conhecemos sobre o processo da vida é que a mente é quem governa o corpo".* Igualmente, o filósofo e médico Dr. Celso Charuri ensinava que *"o pensamento aliado à vontade e à ausência de conflitos faz cristalizar e dá forma à matéria".* E é de Sir William Osler, o eminente professor que criou o Departamento de Medicina da renomada Universidade John Hopkins nos Estados Unidos, o ensinamento de que *"a reza com fé e a atitude mental do suplicante são fatores de enorme importância na cura dos pacientes".*

A motivação que leva o paciente à suplica e à prece com fé, é causa de sincronismo dos hemisférios cerebrais e isso leva a um estado ampliado de consciência que neutraliza as projeções de culpa, ressentimentos e raiva, promovendo o reequilíbrio dos campos energéticos. O resultado é a extensão do tempo de vida do corpo físico para que, com sua força interior aumentada, cumpra com os objetivos que o motivaram.

Considerando a importância da participação da mente no desequilíbrio físico do indivíduo, é necessário que o próprio indivíduo deseje, com todo o seu querer, encontrar em si mesmo a motivação e as forças necessárias para a cura. E é por isso que doenças aparentemente iguais podem ter evolução completamente diferente, sendo que daí deriva se dizer que "em medicina não há doenças, há doentes".

E é por isso que todos os dados sobre estatísticas do tempo de sobrevida em doenças graves se aplicam apenas a populações como um todo e não a cada paciente, pois cada doente, por quão grave seja o seu caso, independentemente do que as estatísticas de sobrevida possam mostrar, tem sempre a possibilidade de ser ele aquele paciente que pertence ao grupo dos que se curam.

Se, na crise da tomada de consciência da gravidade do seu caso e da perspectiva do encontro com a morte, o paciente se lastimar de quanto ainda gostaria de poder realizar – nessa hora, uma cura surpreendente pode ocorrer pela mudança da vibração energética ao nível do corpo mental, pois o corpo é o reflexo da mente e o corpo físico está para o corpo mental, assim como a parte que emerge de um iceberg está para a parte submersa.

Se curas inexplicáveis acontecem envolvendo motivação, fé e emoções, conhecendo-se melhor estas interações talvez se consigam reproduzir essas curas surpreendentes. Por isso, a participação do paciente no seu tratamento é muito importante para se alcançar a cura.

Capítulo XIV

Curas milagrosas

Milagres são fatos extraordinários que não possuem uma explicação científica em base ao conhecimento atual. Ou seja, o que hoje pode parecer um milagre, no futuro poderá ser algo comum e banal. Certamente a medicina reconhece que há muitos casos de curas inexplicáveis e considera importante o estudo das curas ditas milagrosas para tentar descobrir como acontecem e, se possível, reproduzi-las, para adentrar em uma nova fase da medicina curativa. Para isso, conhecimentos médicos na área da psiconeuroimunologia, aliados a conhecimentos de física moderna, de filosofia e de misticismo, estão aos poucos trazendo luz no entendimento das curas milagrosas.

Para algo existir em nível físico, deve antes existir em um nível mais sutil, o nível da mente, conforme ensinamentos de Sidarta Gautama, o Buda: "A mente precede todas as coisas, domina todas as coisas, cria todas as coisas". Uma casa não aparece do nada. Primeiro ela deve ser pensada e planejada. Portanto, tudo o que existe, existe porque de alguma forma estamos de acordo com a sua existência.

O nível físico é composto de quatro elementos – fogo, água, ar e terra, e é constituído por átomos. Apesar da representação do átomo como tendo um núcleo central e partículas girando em volta ter sido ultrapassada, se imaginarmos uma esfera de 60 centímetros como o núcleo central, tudo o que gira em volta estaria a uma distância de três quilômetros!

Nesse aparentemente imenso vazio teríamos o éter ou o "quinto elemento" de Aristóteles, que interpenetraria o Universo preenchendo todos os espaços e conectando tudo. A sua frequência vibratória seria superior à da velocidade da luz e tal energia, alterando sua frequência vibratória, daria aparecimento à matéria. O éter foi chamado por Isaac Newton de "o espírito da matéria" do qual tudo se originaria. Seria a "fonte dos milagres" dos alquimistas, ou seja, o elemento que pela ação do pensamento poderia ter a sua frequência vibratória diminuída, materializando o fruto da mente.

E são as descobertas das pesquisas da física atual demonstrando uma interatividade entre o observador e os objetos de sua observação e sugerindo que todas as coisas existem num estado de possibilidade até que alguém as visualize, que nos aproximam sempre mais do mundo invisível. Mundo invisível esse que talvez sustente e mantenha, através da conexão cérebro-mente, a realidade da forma que a idealizamos, consciente ou inconscientemente.

Para a medicina, a saúde caracteriza-se pelo equilíbrio de todas as funções do indivíduo e de suas relações com o meio-ambiente, resultando disso um estado de bem-estar físico, mental e social onde a harmonia é mantida pelo tripé formado pelos sistemas imunológico, endócrino e cérebro-espinhal, que agem de forma integrada, adequando as respostas adaptativas do organismo aos estímulos externos.

Estímulos que se originam também de emoções e de sentimentos, provocando consequências orgânicas positivas ou negativas, em relação direta com a natureza dessas emoções e desses sentimentos.

Ao cérebro e ao sistema endócrino caberia o papel de interface entre a mente subconsciente e o corpo, atuando como transformadores entre frequências vibratórias de diferentes magnitudes.

A mente subconsciente é o repositório da memória racial, social, religiosa e também dos desejos, dos prazeres e dos padrões a que estamos sujeitos desde o nascimento (e talvez desde a vida intrauterina) até à idade da razão, quando começa então a participação da mente consciente que é a mente que, com base nas informações recebidas do meio exterior pelos órgãos dos sentidos, raciocina, julga, decide e imagina. E o cérebro compara com o passado, analisa a perspectiva do futuro e transforma pensamentos e emoções em neurotransmissores que atuam nos órgãos-alvo, modulando a frequência das vibrações energéticas.

Porém, se houver conflito entre a mente subconsciente e a mente consciente, não haverá integração entre o que desejamos e o que foi programado no nosso comportamento, resultando uma desarmonia no padrão energético do organismo. Desarmonia que pode se manifestar como infelicidade, estresse ou doença. Com a desarmonia manifestando-se, por exemplo, como um câncer, uma cura imediata poderia acontecer assim que fosse restabelecido o padrão normal de vibração dos elementos da matéria, com a reversão das células doentes em células sãs.

A esse respeito é interessante o registro de que lá pelo ano de 1300, na Itália, a Peregrino Laziosi foi diagnosticado câncer na perna, que por isso, deveria ser amputada, tal o estágio adiantado da ferida, a sangrar e toda cheia de pus. Porém, na época em que o Peregrino ficou doente, a anestesia não era a de que podemos dispor hoje e a cirurgia era tanto menos dolorosa quanto mais hábil e rápido fosse o cirurgião.

Preocupado e com muito medo, na véspera da cirurgia ele rezou com fervor a noite toda e adormecendo sonhou que Jesus descia da cruz e, tocando-lhe a perna, o curava. Quando vieram buscá-lo no dia seguinte, ele ainda estava tão absorto em suas preces que nem havia percebido que toda uma noite já se passara. Foi levado à mesa de operações e os curativos que envolviam sua perna com câncer foram sendo retirados para desinfecção da área a ser operada. E qual não foi a surpresa geral ao verificarem que não havia mais nenhuma lesão na perna! Nem câncer, nem pus, nem sangramento. Isto tudo ocorreu durante uma noite de preces em que Peregrino, através de seu forte desejo de viver, de alguma forma desencadeou mecanismos biológicos que realizaram a cura milagrosa, e hoje, ele é considerado o santo padroeiro dos cancerosos.

Igual ao caso dele, vários outros poderiam ser contados, não de pessoas santas, mas de pessoas igualmente determinadas e com muita fé, que obtiveram a cura de seus males por reconhecerem existir uma força curativa primordial e por desejarem, intensamente, a sua manifestação.

Na literatura cientifica existem vários relatos e até livros de cura espontânea, como o dos médicos Everson e Cole, publicado em 1968, onde constam 176 casos de regressão espontânea de tumores (*Everson T., Cole W. : Spontaneous Regression of Cancer. JB Saunder & Co, Philadelphia, PA*). Muitos desses casos encontram-se associados a preces e a profundas experiências psicológicas.

Em vários dos milagres relatados no Novo Testamento consta que Jesus afirmava aos que se curaram: "A tua fé te curou". E esses que procuraram Jesus, lhe chamaram a atenção por sua atitude de fé diante das doenças que apresentavam. O que mudou a vida desses que o procuraram foi a mais absoluta certeza de que Jesus era o único que poderia curá-los.

Ou seja, as curas milagrosas podem depender de terceiros na medida em que para o paciente seja mais fácil depositar a fé em alguém (seja quem for) ou em alguma coisa (qualquer coisa) fora de si, do que em si mesmo.

Portanto, do mesmo modo como uma alteração orgânica pode se originar a partir da mente, a mente também pode restaurar a frequência vibratória normal das células, com o consequente restabelecimento da saúde. Na direção de uma cura milagrosa, parece promissor utilizar a mente consciente na programação da mente subconsciente através de repetidas ordens e visualizações feitas com emoção, fervor e em estado ampliado de consciência.

Mas milagres podem ocorrer sob outra interessante roupagem. Assim, há algumas pessoas que são extremamente otimistas e positivas, e que durante muitos anos repetem para si mesmas que: hoje estou melhor do que ontem, e amanhã estarei melhor do que hoje! Porém, quando morrem em algum acidente, constata-se na necropsia que tinham alterações graves em quase todos os órgãos, e até câncer, mas que, apesar disso, nunca se queixaram de algum sintoma ou dor, por menor que fosse.

A tese de que o pensamento pode modificar a matéria e de que os mecanismos mentais são importantes na cura das doenças é defendida por muitos estudiosos, entre os quais, Bernie Siegel, Celso Charuri, Masaru Emoto e Patrick Drouot. Tese corroborada com casos ocorridos até com os próprios médicos, como aquele com o Dr. Dagoberto.

Dagoberto precisou submeter-se a uma delicada cirurgia nas válvulas cardíacas. Nas primeiras horas depois da cirurgia, devido a complicações, precisou ser operado de novo, de urgência. No pós-operatório, apresentou quadro grave de insuficiência renal aguda e arritmia cardíaca, ficando entre a vida e a morte na Unidade de Terapia Intensiva (UTI) de um grande Hospital. Apesar de todos os cuidados possíveis, o seu quadro clínico ia deteriorando progressivamente e as chances de uma recuperação eram quase nulas. Vendo os esforços inúteis da equipe médica discutindo ao lado do paciente, a sua esposa se retirou para a capela do Hospital e em profundo recolhimento pediu a Jesus que lhe desse a graça de salvar o marido que tanto amava, e prometeu que, em agradecimento, iria a Fátima, em Portugal, para lhe agradecer. Quando retornou à UTI, os médicos lá reunidos lhe disseram que, para surpresa deles, Dagoberto de repente havia apresentado uma melhora. O coração voltara ao seu ritmo normal, os rins haviam começado a funcionar e ele estava saindo do seu estado letárgico, já fora de perigo. Dias mais tarde, recuperado, Dagoberto contou à esposa que enquanto estava doente, teve uma espécie de sonho onde se viu andando em uma alameda, com muita grama verde em volta, e com um grande portão à frente, por onde, ao atravessá-lo, se deparou com uma casa, de cor amarela, e ouviu alguém lhe dizer que estava bem e que ainda ele tinha muito trabalho para fazer. Quando, para cumprir a promessa, Dagoberto foi com a esposa, pela primeira vez, para Portugal, para rezar e agradecer na capela de Nossa Senhora de Fátima, com muita emoção e lágrimas nos olhos, viu ser aquele o lugar que visitara em sua visão quando estava inconsciente no Hospital!

Nesse caso, aparentemente, a súplica pela cura, feita pela esposa, estabeleceu uma conexão com o marido que estava com as funções vitais muito diminuídas, reativando nele, à distância, com seu grande amor, as forças curativas. O que sugere que, no caso do paciente ser uma criança, as preces e a fé dos pais podem intensificar os bons resultados de um tratamento e a cura.

O amor é, por excelência, o sentimento integrador entre a mente consciente e a subconsciente, e a resultante dessa união é a saúde, a felicidade e a paz. Amor que faz amar tudo e ter compaixão por todos.

O oposto do Amor é o egoísmo, e do mesmo modo como a partir de uma única célula doente todo o organismo pode vir a ser gravemente afetado e morrer, também a partir de um único pensamento egoísta pode atenuar-se a luz da expressão dos atributos da alma, trazendo escuridão, tristeza e doenças.

E é pelo despertar da Autoconsciência, catalisado pelo Amor, que o homem vai poder nascer para a Vida Eterna.

Porém, enquanto o amor e a fé não desencadearem a cura energética ou vibracional a partir do corpo mental, é o tratamento médico convencional que deve ser buscado para a cura do corpo físico, sem jamais perder a esperança.

Capítulo XV

Visualização curativa

Muitos especialistas associam o aparecimento do câncer a determinadas características da personalidade do paciente, tais como, dificuldade para expressar sentimentos e emoções, persistência de angústia profunda, de depressão, de ansiedade e, principalmente, a ocorrência de crises existenciais, com grande sensação de vazio interior e com falta de significado em relação à própria existência.

Do mesmo modo como alguns fatores psicológicos podem contribuir para o estabelecimento do processo tumoral, outros tantos podem contribuir para a regressão do câncer. Para isto é necessário que, em primeiro lugar, sejam identificados aqueles fatores capazes de provocar intensas reações depressivas no paciente e que podem ser resumidos em qualquer situação sobre a qual o indivíduo sinta ter perdido o controle.

Em câncer, a depressão é intensificada pela crença de que essa doença equivale a uma sentença de morte. É um diagnóstico grave, sim, mas pode ser curável, em especial se detectado precocemente. Ademais, para morrer não é preciso ter necessariamente um câncer.

Assim, o maior apoio psicológico que um paciente com diagnóstico grave pode receber é o de saber que para a sua doença há sempre alguma coisa que pode ser feita ou que pode ser tentada, se ele assim o desejar. Sempre. Não importa qual seja a doença.

Por isso, em uma doença, além do tratamento médico convencional, para se conseguir a cura, pode ser necessária também a utilização de recursos que vão além dos meios físicos.

Foi no início dos anos 70 que o radioterapeuta Carl Simonton descobriu, com a ajuda de sua mulher, a psicóloga Stephanie Simonton, que o uso das imagens mentais poderia contribuir para diminuir os efeitos colaterais e para ampliar os efeitos da radioterapia. Além do tratamento médico, eles instruíam os pacientes a visualizar o sistema imunológico destruindo as células cancerosas e a visualizar os órgãos afetados se tornando saudáveis. As curas por eles obtidas em alguns pacientes com câncer avançado demonstraram a possibilidade de as imagens mentais curativas poderem ser um poderoso método complementar de cura.

Através de exercícios de relaxamento e de treinamento autógeno, ensina-se ao indivíduo que ele tem mais controle sobre seu corpo do que supõe. Ele aprende que, em estado de total relaxamento, conseguido voluntariamente, voltando a atenção para o seu mundo interior, pode controlar o fluxo sanguíneo das mãos ou dos pés, tornando-os mais quentes ou mais frios.

Com isto, ele é levado a dar-se conta de que pode exercer papel importante no seu tratamento, simplesmente relaxando e, através da própria vontade, aumentando o fluxo de sangue para as áreas doentes.

Em estado de relaxamento, é orientado a visualizar as suas células tumorais sendo atacadas e destruídas pelos quimioterápicos que lhe são administrados ou pela radioterapia a que é submetido e é orientado a visualizar um exército de competentes células imunológicas atacando e destruindo as células tumorais.

Nesta fase, duas coisas são fundamentais para o paciente obter êxito nos seus desejos. É fundamental que se emocione intensamente com a cena visualizada e é fundamental que nenhuma dúvida atravesse sua mente quanto à certeza da consecução de seus desejos.

Dessa forma, a visualização curativa é mais um importante recurso terapêutico complementar.

Através da visualização curativa, o próprio paciente pode participar ativamente da luta contra as suas doenças, enquanto o seu corpo estiver sendo cuidado pelos médicos. E se o paciente tiver algo muito importante para realizar ou para levar a cabo, tal motivação poderá, através da emoção, intensificar a sua visualização curativa, o que ajudará a alavancá-lo em direção à saúde e à vida.

Muitos cometem o erro de confundir visualização curativa com meditação. O que elas têm em comum é apenas a etapa inicial que consiste no relaxamento autógeno onde o indivíduo alcança um relaxamento completo de toda a sua musculatura, e uma sensação de calma e de paz. Depois dessa fase, o que se segue depende do objetivo desejado. Em se tratando da saúde, passa-se então a criar uma tela mental visualizando o restabelecimento da fisiologia normal do órgão doente, com focalização total da mente no objetivo que se deseja, vendo-o concretizado na tela mental.

A mente é um fator poderoso tanto na obtenção de nossos melhores desejos como no combate às doenças e se nós não a empenharmos a nosso favor, ela estará sendo deixada de lado e entregue a depressão, à perda da vontade de viver, à angústia, ao medo, ao desespero.

Para o paciente deixar de sentir-se como uma vítima indefesa frente a um diagnóstico de câncer, ele deve deixar de assumir um papel passivo.

Deve, sim, assumir parte da responsabilidade do seu tratamento, e concentrar toda a sua energia e seus esforços na luta contra a doença. Deve focalizar a atenção não nos casos de insucesso, mas naqueles inúmeros casos de cura.

Mas, e quando, apesar de todos os seus esforços, você não conseguir atingir seu objetivo, o que você deverá fazer?

Deverá tentar compreender e aceitar.

Seus esforços talvez não estivessem à altura das suas reais capacidades. Deve existir a firme intenção, a vontade, o querer. Porém, mesmo existindo o querer, há que considerar-se que existe uma Ordem, uma Lei. Ordem e Lei Superiores. Há uma ordem em tudo e há, portanto, um motivo para tudo, mesmo que os motivos não lhe sejam imediatamente aparentes.

Constituído, como você é, em sua parte física, por elementos da própria Natureza, você é parte integrante da Natureza e, consequentemente, sujeito às leis da Natureza. Assim, como tudo o que é material tem início e fim, há duas etapas pelas quais obrigatoriamente você terá que passar até reintegrar-se para sempre ao Todo: uma é o nascimento, a outra é a morte.

Entre estes dois extremos, para que a sua participação, quando doente, seja efetiva ao máximo na luta contra os males que o afligirem, você terá que abrir sua consciência a emoções e a sentimentos profundos que irão modificá-lo interiormente, tornando-o sempre melhor e mais capaz de agir em prol de si e dos outros.

Portanto, mesmo quando a hora chegar, quem souber servir aos outros através do seu exemplo, estará participando e quem assim participa não morre nunca, pois, para quem faz até da sua morte um ato de serviço, ela será a sua Iniciação Maior!

Capítulo XVI

Médicos de uma nova era

Ao terminar o curso de Medicina, a maioria dos médicos recém-formados sente-se ainda despreparada para enfrentar os males do mundo e, portanto, resolve fazer os cursos de especialização ou as chamadas Residências Médicas, que podem durar de alguns meses a vários anos, quando, então, alguns passarão a se sentir capazes de curar quase tudo dentro do seu ramo de conhecimento, enquanto outros, apesar de se terem dedicado tanto quanto aqueles ou, às vezes, até mais, vão perceber que eles mesmos propriamente não curam quase nada, mas são intermediários, aperfeiçoados pelo estudo e pela especialização, para propiciarem aos seus doentes condições favoráveis para a cura.

Analisemos, por exemplo, a sutura de um ferimento por um cirurgião. Este une e sutura as bordas das feridas, porém, depois, há pouco que ele possa fazer para atuar no processo intrínseco da cicatrização que se segue. O mesmo se passa com uma fratura óssea. A função do ortopedista é juntar os ossos quebrados e impedir que movimentos sejam executados, para que o processo curativo se processe. O que vai se passar após a imobilização da fratura, já escapa ao controle do médico que, após a sua intervenção, é expectador e testemunha dos fatores curativos que passam a agir. O que nos remete a pensar sobre o enfoque das doenças ao longo do tempo.

Nos primórdios, a doença era vista como um castigo divino, e rituais mágicos faziam parte da medicina mística então exercida. Com a descoberta do microscópio e dos germes, a presença de uma divindade que castiga pareceu mais distante. Mas quando energia e matéria foram equacionadas, isso provocou uma revisão e ampliação da ideia primitiva, sendo que já não seria um Deus exterior e distante a castigar, mas seria o próprio individuo que, surdo aos ditames da alma aprisionada, teria, na sua própria doença, uma oportunidade de tomada de consciência.

Recordando e compreendendo o que transgrediu entenderia por que ficou doente e, a partir dessa compreensão, desenvolveria a capacidade de participar do tratamento da sua doença.

De fato, a doença ensina a humildade, obriga a uma pausa para pensar e rever atitudes, testa a força interior do individuo, permite valorizar o estado de saúde e serve para ajudar a criar uma consciência social, pois quem é fustigado pela dor passa a compreender melhor a dor alheia.

Apesar de a maioria dos médicos ainda ser céptica quanto à participação de um fator transcendental na origem das doenças, há médicos que, na prática de sua arte e profissão, além de empregarem os mais recentes e sofisticados esquemas terapêuticos, também pedem o auxilio de forças transcendentais para a cura, sempre que em consonância com leis superiores.

São profissionais com excelente formação médica e profunda espiritualidade, resultante de seus próprios esforços em busca de algo mais verdadeiro e mais eterno. Médicos que, em congressos e reuniões sobre os avanços da medicina, se mostram cépticos e desiludidos com resultados manipulados para promover esta ou aquela droga.

Médicos que curam o corpo com os elementos do corpo, mas não descuidam e nem subestimam as potencialidades da mente humana, pois de nada adianta curar o corpo se a mente não participar da luta e do desejo de viver.

Certos acontecimentos em minha vida propiciaram-me a felicidade e o privilégio de conhecer um médico assim, com características muito especiais. Isso foi em 1978. O nome do médico era Celso.

Naquele ano, eu havia retornado ao Brasil, após um período de quatro anos de estudos no Exterior, tendo estagiado e trabalhado nos melhores centros de pesquisa em câncer nos Estados Unidos, França e Inglaterra. Um convite acenando-me a fazer parte do corpo de médicos do Instituto Ludwig de Pesquisa contra o Câncer, a ser implantado em São Paulo, junto ao Hospital do Câncer, havia motivado meu pronto regresso. Mas, infelizmente, no período em que eu estivera fora, havia-me esquecido do ritmo e da organização das coisas por aqui. Tomar consciência da realidade demorou quase nada.

Quando do meu primeiro encontro com o então superintendente do Hospital do Câncer, em São Paulo, este me disse que marcaria uma reunião com os responsáveis pela imunologia do hospital para juntos delinearmos as bases da colaboração e da pesquisa, enquanto não fosse concretizado o início das atividades do Instituto Ludwig, pois devido a problemas diversos, um pequeno adiamento estava previsto.

Assim, fui para a reunião seguinte e, após uma longa espera sem que nenhum dos imunologistas convocados tivesse comparecido, comecei a dar-me conta de que um período difícil, muito difícil, estava iniciando-se para mim.

Retornar aos Estados Unidos eu não podia, pois, em virtude do tipo do meu visto de saída por ocasião do meu período de estudos, eu era obrigado a passar pelo menos dois anos no país de origem antes de poder viajar para lá, a trabalho. E cá estava eu, com diplomas, com currículo, conhecimento, técnicas, idealismo e decepção!

Aguardando uma definição quanto ao Instituto Ludwig, passei a escrever a todos os centros de pesquisa conhecidos do país, oferecendo meus serviços. Invariavelmente, a resposta era sempre a mesma. Declaravam-me entusiasmados com meu currículo e dispostos a me aceitarem, porém não dispunham de verba para minha contratação. Se eu quisesse trabalhar por trabalhar, estariam muitos felizes em ter-me nos seus quadros.

Encontrei-me, assim, vivendo momentos de grande dúvida e incerteza quanto ao futuro, sob todos os pontos de vista, sendo obrigado, para sobreviver, a trabalhar em clínicas de convênio, exercendo ínfima parcela de toda a formação que com muito sacrifício havia me esforçado para adquirir e aprimorar e que, lastimavelmente, estava desperdiçando por não encontrar campo de atuação.

Muitas vezes, sem nada para fazer, ia para o apartamento da minha noiva, enquanto ela estava fora trabalhando, e tomava comprimidos para dormir, pois ficar acordado era muito ruim, e não poucas vezes pensei em pôr um fim dramático àquilo tudo.

Nesse período, aconteceu que minha noiva precisou ir a um ginecologista e, por indicação de suas amigas, quis consultar-se com um médico que lhe havia sido recomendado como ótimo. Como eu dispunha de todo o tempo do mundo, numa tarde, acompanhei-a ao ginecologista, que tinha consultório na Rua da Moóca, em São Paulo.

Era o Dr. Celso Charuri. Alto, porte atlético, jovem, moreno e de olhar calmo e penetrante.

Enquanto minha noiva era preparada para o exame, eu fiquei com Dr. Celso. Perguntou-me o que eu fazia.

Respondi-lhe que era médico, que me dedicava à pesquisa em câncer e que retornara havia pouco do Exterior, onde fizera cursos de pós-graduação em Imunologia dos Tumores e dos Transplantes. "Também pesquiso", disse-me ele. E, ao perguntar-lhe que tipo de pesquisa fazia, respondeu-me: "Pesquiso a mente".

Depois que ele atendeu à minha noiva, continuamos a conversar sobre muitas coisas. Sobre a Medicina e seus avanços, sobre a mente, sobre o sistema nervoso, sobre o Homem. Ao despedir-nos, convidou-me para assistir a um Curso sobre a Mente, que havia organizado e que iria administrar na semana de 23 a 29 de janeiro.

Feliz por poder ocupar-me com alguma coisa que me interessava e que podia me distrair, me inscrevi no Curso que acabou sendo, nas circunstâncias em que me encontrava, a única coisa que me dava vontade de viver e de aguardar o dia seguinte, para poder ouvir e aprender mais sobre o poder da mente. As palestras iniciavam-se às sete e meia da noite e a parte prática terminava em geral após a meia-noite. O grupo era pequeno. Não mais de 15 alunos.

Um dia, no decorrer do Curso, após o término da aula prática, junto com mais alguns alunos, fomos com Dr. Celso a uma pizzaria, em Moema, para comermos alguma coisa e, principalmente, para podermos desfrutar, mais um pouco, do seu convívio e dos seus ensinamentos. Naquele dia, despertado pelo assunto da aula, relembrei-me do que havia acontecido comigo na Inglaterra e, pela primeira vez, percebi que algo maravilhoso se havia passado e eu nem dera conta do poder da visualização que fizera despertando dentro de mim as forças curativas! Narrei o caso ao Dr. Celso que passou a contá-lo, como mais um exemplo, dentro dos que ele já citava, no seu Curso.

Sei que muitos dos que ouviram a história têm sido inspirados e têm auferido esperança quando em desespero, e por isso sou eternamente grato ao Dr. Celso, pois me permitiu assim, participar de sua grande obra, valorizando e dando sentido ao meu viver. Isso me ajudou a superar a crise em que me encontrava, pois fui achar as forças de que necessitava dentro de mim mesmo. Forças essas que já me haviam dado prova da sua existência!

Naquele mesmo ano fui admitido como diretor de pesquisas clínicas em uma indústria farmacêutica multinacional, o que me permitiu aplicar parte da metodologia da pesquisa científica que havia aprendido.

Em seguida, como pesquisador voluntário, trabalhei no Centro de Pesquisas do Hospital do Câncer, estruturando e chefiando o Laboratório de Imunologia Experimental. Mais tarde, fui aprovado, por concurso, como titular do Centro de Pesquisas Haroldo Levy da Fundação Antônio Prudente, e em 1984 ganhei o Prêmio Antônio Prudente, em cancerologia, como coautor do trabalho vencedor.

Quanto ao Dr. Celso Charuri, o que ele começou ensinando em 1978 a um pequeno grupo de 10 – 15 alunos, nos três anos seguintes tornou-se algo grandioso, com dezenas de milhares de pessoas buscando seus ensinamentos, dos quais ele mesmo, como ninguém mais, era capaz de dar com sua própria vida a melhor demonstração do que ensinava. Todos os seus momentos eram dedicados a dar alívio físico a seus pacientes, como médico, e a dar-lhes alívio psicológico e espiritual, como Mestre.

Mestre em decorrência da necessidade dos que o conheciam e que tinham o privilégio de conviver com ele, de serem seus alunos, de aprender com ele, de estar perto dele para serem banhados com a irradiação de sua Luz Maior.

Celso Charuri. Médico do Corpo e Médico da Alma. Capaz de unir a Terra aos Céus. Capaz de realizar coisas incomuns pelo seu profundo conhecimento das leis naturais, pois ele e a Natureza já eram Um Só!

Ensinava ele que o homem pretende ser imortal defendendo princípios efêmeros, mas que um dia, inexoravelmente, o homem descobrirá que para ser imortal deverá defender Princípios Absolutos, e neste dia, morrerá para a efêmera carne e finalmente viverá para o Espírito Eterno.

Em 1981, como ele mesmo havia previsto, após uma reunião onde havia se dirigido aos presentes pedindo que lhe perguntassem o que quisessem, porque depois não haveria mais tempo, veio a passar pela transição, aos 41 anos de idade. A sua missão na Terra, nesse período, estava cumprida. Mas seus ensinamentos continuam vivos iluminando os buscadores, através das palestras e cursos de seus discípulos. Ensinamentos sobre o Amor. Sobre a Bondade. Sobre as Virtudes.

Ensinamentos que visam transformar o homem em Homem para que o Homem realize um Mundo Melhor. Um mundo pró-felicidade, um mundo pró-paz, um mundo Pró-Vida!

Capítulo XVII

Fronteiras

De setembro de 1974 a agosto de 1976, eu havia trabalhado no Departamento de Imunopatologia da Escola de Medicina da Universidade de Pensilvânia, na cidade de Filadélfia, nos Estados Unidos, sob a orientação do Professor William Elkins. Em outubro de 1976, aconselhado pelo professor Elkins, viajei para a Inglaterra para continuar meus estudos de pós-graduação em Imunologia dos Tumores no Laboratório de Imunologia do Instituto Chester Beatty, em Sutton, sob a orientação do Professor Peter Alexander.

Sutton fica a quarenta e cinco minutos, de trem, de Londres e contrasta bastante com a capital inglesa, por seu aspecto bucólico, parecendo um país de conto de fadas.

Havia conseguido alugar um quarto, relativamente perto do local de trabalho. Era o espaçoso sótão da casa de um simpático e bondoso casal, o Sr. e Sra. Stapley. Para ir ao laboratório, eu fazia uma caminhada de uns trinta minutos, passando por ruas quase desertas, entre lindas casas e belos jardins.

Naquele ano o tempo foi um dos piores registrados até então, com muita chuva, muito frio, vento e neve. Mesmo assim, ao voltar do laboratório, à noite, caminhando sozinho naquele grande silêncio, com a neve cobrindo quase tudo e com a luz amarelada dos lampiões a dar um toque melancólico, a sensação de calma e de paz era tão envolvente que sentimentos da mais pura e profunda alegria me afluíam de forma natural e espontânea.

Encontravam-se também trabalhando no Laboratório de Imunologia, desenvolvendo seus respectivos projetos, o doutor Giorgio Palú, da Itália, o Dr. Luiz Cifuentes, da Espanha e o Dr. Norris Childs, dos Estados Unidos. Entre nós, havia uma forte amizade nascida do respeito mútuo aos ideais de cada um.

Meu trabalho consistia no estudo dos mecanismos imunológicos que impediam que células leucêmicas de uma raça de ratos (Hooded) viessem a crescer e a reproduzir a leucemia quando inoculadas em outra raça de ratos (August), quase idêntica à primeira. Portanto, eu inoculava ratos com células leucêmicas para depois estudar quais os anticorpos e quais as células imunológicas envolvidas na resposta contra as células inoculadas. Em determinadas experiências, era necessário inocular um número muito grande de células. Às vezes até algumas centenas de milhões de células leucêmicas.

Assim é que, certa manhã de domingo, no começo de março de 1977, fui cedo ao laboratório para sacrificar um animal doente da raça Hooded e preparar as células leucêmicas para inocular alguns ratos da raça August. Naquele dia, um dos animais a ser inoculado, não estando bem anestesiado, debateu-se e, por acidente, acabei espetando-me com a agulha da seringa cheia de células leucêmicas a serem injetadas.

Obviamente, isto me causou certa apreensão. Não pelo fato de ter-me inoculado com as células leucêmicas, pois sabia que por mecanismos imunológicos as células de uma diferente constituição genética, são rejeitadas normalmente pelo organismo. A minha preocupação foi com a possibilidade de infecção com algum microrganismo de origem animal. Essa preocupação, porém, durou somente enquanto a ferida sangrou, portanto, não mais do que poucos minutos. Terminei o que estava fazendo, almocei no hospital e, à tarde, fui passear em Londres.

No decorrer da semana seguinte, em virtude do que eu achava ser um simples resfriado, passei a sentir muito cansaço, febre e dor de cabeça. No início, nada que duas aspirinas não pudessem resolver; depois quatro, seis, oito, até que comecei a tomar duas aspirinas a cada três horas para poder continuar trabalhando. Finalmente, por insistência do próprio Professor Alexander, eu resolvi ficar uns dias em casa, para recuperar-me. Mas os dias foram se passando e eu não apresentava nenhuma melhora.

Apesar de eu me recusar a ver um médico, por achar ser apenas uma gripe mais forte, numa tarde, para minha surpresa, o Sr. e a Sra. Stapley, que me haviam alugado o quarto, trouxeram o Dr. de Monte, com o qual estavam registrados, de acordo com o sistema inglês de assistência médica, para visitar-me. Acertadamente, julgaram-me não estar mais em condições de poder decidir com propriedade, e tomaram a si a responsabilidade.

Por total falta de apetite, já não comia nada havia três dias e a única coisa que eu queria era beber os refrescos que a Sra. Stapley pressurosamente me preparava.

Após examinar-me, respondendo gentilmente às minhas perguntas, o Dr. Monte informou-me de que eu estava com quarenta graus de febre e baço aumentado, palpável a sete centímetros da reborda costal. Em condições normais o baço não estaria palpável. Em seguida, colheu sangue para alguns exames de laboratório e foi embora dizendo que, quando tivesse os resultados, decidiria o que fazer.

Quando fiquei só, conjecturei durante algum tempo possíveis diagnósticos e acabei adormecendo.

Fui acordado pela chegada de dois enfermeiros que, a mando do Dr. Monte, vieram remover-me em ambulância para o Hospital Saint Helier, em Carshalton, localidade situada a uns vinte minutos de carro, de Sutton.

Ao chegar ao hospital, o plantonista me disse que não havia com que preocupar-me, pois a internação era somente para propiciar-me melhores condições de recuperação, visto estar sozinho num país estranho e ser difícil, de outra forma, alguém poder cuidar de mim adequadamente. Tranquilizado, conformei-me em passar uns poucos dias ali.

A partir do dia seguinte, porém, comecei a estranhar a enorme lista de exames de sangue e de outros exames a que passei a ser submetido, diariamente. Mais ainda estranhei quando fui submetido a um mielograma, que é o exame da medula óssea, feito através de material colhido por punção do osso esterno, que é o osso que forma a parte frontal do peito. Insistindo em saber o porquê do exame, acabaram por me contar que eu tinha trinta por cento de monócitos no sangue circulante, quando o normal é de até cinco por cento, e estavam à procura de alguma explicação para aquilo. Daí o porquê do mielograma que, felizmente, não veio corroborar a hipótese de leucemia que havia sido aventada.

Depois, eu também não entendia por que o especialista da Unidade Renal havia vindo me visitar. Aliás, àquela altura, eu tampouco percebia que já estava com dificuldade para compreender o que era dito e ficava pedindo para que me repetissem as mesmas coisas, duas ou três vezes.

Em seguida, meu quarto foi interditado e médicos e enfermeiras só entravam após vestirem avental, máscara e luvas, que eram deixadas no quarto, ao saírem. Duas vezes aconteceu de o médico de plantão chegar até a porta do quarto e recusar-se a visitar-me por medo do contágio com algo desconhecido e perigoso.

Quando, no quinto dia de internação comecei a vomitar e a sentir, em mim e no meu hálito, um cheiro forte de ureia, de repente, e só então, dei-me conta da gravidade do meu estado. Eu estava com insuficiência renal aguda. Entendi o porquê dos exames, da medição do volume urinário, das tomadas frequentes de pressão arterial e do oftalmologista. A minha pressão atingira 180 por 140 milímetros de mercúrio, quando o normal é 120 por 80, e havia tido uma hemorragia retiniana.

Para saber a causa daquele quadro clínico, fui submetido à biópsia renal que revelou necrose tubular aguda e fui informado de que, no dia seguinte, iria ser transferido para a Unidade Renal e seria iniciada a diálise peritoneal e a plasmaférese. A diálise seria para expulsar as impurezas que já não estavam sendo eliminadas pelos rins e a plasmaférese visaria à filtração do sangue, para separação de grumos que poderiam, talvez, estar entupindo os rins. Em medicina, esses grumos são chamados de complexos antígenos-anticorpos.

Enquanto aguardava chegar o dia seguinte para ser transferido para a Unidade Renal, entrei em profunda depressão e passei a me perguntar: Por que eu?

Naquela fase de revolta, comecei a lembrar-me dos esforços para aprimorar-me cientificamente, a fim de poder começar a produzir, e eis que, de repente, quase próximo à meta, por algum capricho do destino, tudo iria terminar! Do nada, retornaria ao nada. Não podia entender. Não achava justo. A vida não tinha sentido.

Mas, também comecei a pensar: as doenças e mortes que afetam os outros, essas por acaso seriam justas e teriam sentido? Afinal, o que tinha eu de tão especial que devesse me conferir imunidade e garantia de vida?

Assim, aos poucos, calou-me fundo a lição da Humildade!

Mas eu tinha que lutar. Tinha que fazer alguma coisa. Afinal, nunca havia entregado os pontos facilmente. Ao contrário, lembrei-me de que havia até apurado o gosto pela luta na prática do karatê, tendo sido aluno do professor Mitsusuke Harada, o mestre que introduziu esta arte marcial no Brasil, e o seu método de ensino, bem no estilo oriental tradicional, consistia em temperar seus alunos através de duros golpes infligidos durante os treinos. Treinar com ele era uma experiência única. Entrar no dojô era como entrar em algum lugar sagrado. Silêncio, seriedade, respeito, tradição, técnica, espírito, esforço, determinação – e admiração. Tudo isso em virtude da presença dele. Seu único interesse sempre foi o de ensinar e treinar, bem ao estilo tradicional – com força, com rapidez e com leveza, jamais subestimando qualquer adversário.

Posteriormente, com o mestre Takedo Okuda, eu continuara aprimorando-me tanto na parte técnica quanto nos aspectos filosóficos dessa luta onde, em última análise, o homem tem em si mesmo o seu maior inimigo na conquista da harmonia interior.

Pensando nisto, pensando em meus pais, em minha noiva, em meu irmão, meus amigos, meus colegas, meus sonhos, meus ideais, enfim, pensando em tudo e em todos que eu iria decepcionar com minha morte, criou-se em mim um estado de vazio. E, de repente, lembrei-me de que minha mãe havia me enviado uns meses antes, um recorte de uma revista onde se comentava sobre uma técnica de visualização, através da qual os pacientes imaginavam-se lutando contra seus males e os venciam. A vitória a nível mental era acompanhada de uma melhoria a nível físico.

Automaticamente, a partir daquela lembrança, passei a visualizar minhas células de defesa formando anticorpos que se uniam aos microrganismos que estavam prejudicando-me, inativando-os e limpando, assim, meus rins, que começavam de novo a formar urina, que ia sendo coletada na bexiga, gota a gota.

Em nenhum momento me ocorreu qualquer dúvida a respeito de que o que eu estava fazendo não fosse o que deveria fazer, pois uma indescritível certeza de que aquela visualização era absolutamente vital invadia-me sempre mais e mais.

Em um estado de consciência entre o torpor e a vigília, ia repetindo lentamente todo o processo, passando a identificar-me com a própria revitalização dos rins e o restabelecimento de sua função normal.

Durante a noite toda, esse único quadro, que eu mentalmente visualizei, ocupou todo o meu ser.

No dia seguinte, fui transferido para Unidade Renal e o Dr. Davidson, responsável pela Unidade, instalou-me os tubos necessários à diálise peritoneal.

Mal ele tinha acabado de montar o sistema todo, eu expressei o desejo de urinar. Ele estranhou, mas deu-me o papagaio e qual não foi a surpresa quando comecei a urinar, parecendo que não iria acabar mais. A diálise foi interrompida após três dias do seu início.

Permaneci mais doze dias em observação, e, a cada dia, minha recuperação se acentuava mais e mais.

Em busca de algum agente etiológico, inúmeras amostras do meu sangue foram enviadas ao Laboratório Central de Virologia em Londres, mas nada foi detectado, a não ser a presença de alguns anticorpos contra células de ratos Hooded, com os quais eu trabalhava e que também estavam presentes em outros membros do grupo de pesquisa, se bem que em menor quantidade.

O que tive foi classificado como doença grave, de causa desconhecida e com comprometimento renal severo. O quadro em si foi tão grave que um dos experientes colaboradores da equipe do Hospital Royal Marsden, o Dr. Powles, com base no meu estado clínico e laboratorial, havia chegado a prognosticar-me no máximo 48 horas de vida!

Isto me foi contado depois, por meus colegas de pesquisa no Chester Beatty e pelo próprio Dr. Powles que me expressou a sua perplexidade e admiração frente à minha súbita cura daquele quadro grave de características progressivas.

Quanto à visualização que fizera, havia-me esquecido totalmente dela, até quando, mais tarde, assistindo às palestras do Dr. Celso, passei a relacionar as coisas e a dar-lhe a devida importância, começando a empregá-la inúmeras outras vezes, em desespero de causa ou não, certificando-me assim, sempre mais, do seu enorme valor e poder!

Capítulo XVIII

Conhecimento

Tanto quanto a guerra permite valorizar a paz, a doença permite valorizar o estado de saúde. Os opostos são necessários. Se assim não fosse, nem existência você teria. Não fossem os opostos, como você perceberia a existência de tudo que o cerca? Para sentir o milagre de viver, só mesmo pela existência de opostos. Não fosse a morte, ao que você chamaria de vida? É assim para tudo. Isto porque é a existência dos opostos que permite o fluxo de energia e a sua consequente manifestação e revelação! Em tudo! Desde os planos mais objetivos até os mais transcendentais. Desde os mais óbvios até os mais sutis.

É o velho e a criança. O amor e o ódio. A coragem e a covardia. A luz e a escuridão. A expiração e a inspiração. O homem e a mulher. A vida e a morte.

Se o fluxo energético fluir, a vida se manifesta. Se o fluxo energético parar de fluir, cessa a manifestação da vida.

Quanto mais elaborado o organismo através do qual a energia fluir e, portanto, quanto mais elaboradas as suas manifestações, tanto mais a energia terá possibilidades de seu próprio conhecimento.

Positivo e negativo. É a existência da dualidade expressa em seus estados alternantes. Tudo está unido, tudo é interdependente. Você é responsável por tudo o que faz e por tudo o que os outros fazem, pois o que você faz influencia os outros e o que os outros fazem influencia você.

Dessa forma, estamos todos interligados em um destino único! Mas, até compreender isto, você deverá despertar sempre mais e mais para os problemas do querer para si e do dar aos outros. Do egoísmo e do altruísmo.

Céus e infernos, nós os criamos e eles nos acompanham. Estão a nossa volta.

Pecado não existe. Existe sofrimento, sim, que é fruto da ignorância. E o sofrimento tem muitas faces. Faces de ódio, de ansiedade, de tristeza, de angústia, de medo, de vingança, de paixão, de solidão, de doença, de desespero, de crueldade, de inferioridade, de insegurança, de covardia, de destruição, de desordem, de desarmonia, de inveja, de inimizade, de terror, de raiva, de ambição, de ressentimento. E, infelizmente, muitas outras mais.

Tudo isso limita você. Prende-o. Torna-o pequeno. Sua limitada percepção humana do infinito passa a ser mais limitada ainda. E, você, menor do que já é. Tudo por causa do seu egoísmo.

E é suficiente o Conhecimento para você interromper esse círculo vicioso. Para você romper as pesadas correntes da ignorância. Para você tornar-se responsável. Para você passar a ser exigente consigo mesmo e tolerante com os outros.

Conhecimento é o p-rimeiro passo para deixar de ser criança e começar a crescer, para orientar as outras crianças.

A humanidade precisa muito de adultos.

Mas o conhecimento, onde está ele? Onde pode ser encontrado?

Ele poder ser encontrado onde quer que você queira encontrá-lo.

Numa árvore, numa pedra, numa escola, numa faculdade, numa folha, numa nuvem ou dentro de você mesmo!

Em qualquer lugar que você queira achar Conhecimento, você achará. É só prestar atenção e deixar fluir. Ser receptivo. Estar conscientemente atento.

Com o Conhecimento, você passará a apreciar e a cultivar a humildade, a compaixão, o altruísmo. Você passará a estabelecer canais de comunicação com Deus.

Com o seu Deus, o Deus que está dentro de você.

Aí, então, para você não haverá mais limites. O seu Deus Interior se manifestará sempre mais e mais, através do seu Eu Exterior, por pensamentos, por palavras, por ações.

Por amor. Por altruísmo.

Altruísmo. O que é ser realmente altruísta? É você atender aos desejos egoístas dos outros? É você violentar continuamente os seus próprios desejos? É você sacrificar-se constantemente? É dar aos outros o que eles quiserem? Bens materiais e satisfações dos seus instintos? Pois é o que os outros querem!

Não, isto não é ser altruísta. Ser altruísta é simplesmente fazer o seu próprio papel na vida, com dedicação, amor e empenho, da melhor forma possível.

Ser altruísta é irradiar luz, paz, amor, saúde, e harmonia a tudo e a todos, por pensamentos, palavras e ações. Ser altruísta é não tirar o que é dos outros. É respeitar os outros e amá-los como a si mesmo e isto já lhe foi ensinado, mas, infelizmente, você ainda não aprendeu.

Ser altruísta é dar exemplo aos outros do seu bom exemplo na defesa dos seus princípios. Ser altruísta é ser egoísta com o seu próprio EU interior. Aquele EU mais íntimo e mais elevado que existe em você.

Egoísmo e altruísmo. Na superfície, tão antagônicos, porém quão próximos quando exercidos até suas ultimas consequências, nas suas formas mais puras! E, praticando-os, aos poucos, você aprenderá a sabedoria do desapego. Afinal, é tão vazio o viver principalmente para juntar coisas que no fim acabam ficando sempre por aqui!

Quão melhor é juntar emoções e sentimentos elevados que ampliam a sua consciência.

Amor, alegria, felicidade, ternura, piedade, esperança, liberdade, idealismo, estética, ordem, harmonia, paz, amizade, companheirismo, coragem, perdão. Autoperdão. Tudo isto é qualitativamente diferente e este tipo de acumular, no fim, revela-se um juntar ao inverso, pois emoções são acumuladas ao você dar, ao você dar-se, e ao expor-se. E quanto mais você se expõe e se dá, mais recebe, e este receber esvazia você, sempre mais e mais, tornando-o tão vazio a ponto de finalmente o Todo caber em você, e vocês se tornam UM e você passa, então, pela primeira vez, a Existir, a Ser!

Quando o TER material já enfastiou, passa-se à busca de algo diferente, imorredouro. Isso depende de um trabalho ativo para se chegar a um estado passivo onde o SER nos inunda! E se você "É", como pode "DAR"?

Para dar, você tem que possuir: sendo, existindo, você já não pode dar algo, pois você está em tudo e tudo está em você!

"Porém, isso nunca é fácil. E vivo em conflito. São dois seres que lutam dentro de mim. Um quer levar-me para o Céu. O outro me amarra à Terra. Só pode compreender bem isso quem já passou por isso, quem já sentiu isso.

Vejo a grandeza do firmamento, o Universo todo num equilíbrio maravilhoso e eu cá perdido com os meus botões, aborrecido com o calor, o trabalho e tantas pequenas outras coisas banais que me atormentam tanto!

Nos momentos de lucidez, a que eu julgo a melhor parte de mim, aquela desprendida, idealista, preocupada com o Amor, essa parte faz-me vislumbrar algo indescritível que a intuição me diz ser a verdadeira realidade. E aí, quando percebo mais claramente os grilhões que prendem minha alma longe de onde ela deveria estar, sofro intensamente pela sua condição, pois nesses instantes, percebo que estou doente e percebo que sou eu que criei minha doença e que só eu poderei desfazer os fantasmas que me atormentam, mas falta-me vontade suficiente, e falta-me coragem suficiente! E vem então a ansiedade, o desespero e a vontade de sair correndo, gritando: Ajudai-me, meu Deus...!"

Mas, é somente quando você deixar de ser orgulhoso, vaidoso e egoísta, e quando passar a reconhecer tudo o que lhe é dado para auxiliá-lo em sua salvação, que um novo nascimento o abençoará.

Nesse dia, você descobrirá que o sol, a lua, as estrelas, os pássaros, as flores, o vento, a chuva e o Universo estarão em festa, pois você, filho pródigo, decidiu regressar e assumir seu papel na CRIAÇÃO!

Todavia, cuidado com suas consecuções. Mesmo as mais elevadas. Não deixe que elas o contaminem com o orgulho. O orgulho deixa a gente importante e gente importante se sente poderosa e especial! Mas será que existe motivo para alguém sentir-se importante e orgulhoso?

Será que afora os avanços tecnológicos há algo de que alguém pertencente à raça humana possa realmente orgulhar-se?

Orgulhar-se do capítulo sobre a escravidão dos negros africanos arrancados das suas famílias para serem utilizados, usados e abusados em terras do Novo Continente? Orgulhar-se do capítulo sobre o massacre de índios armados de arco e flechas, por parte de exércitos de valentes e corajosos generais escondidos atrás de fuzis e canhões? Orgulhar-se do capítulo sobre homens matando e crucificando outros homens para propiciar mais espaço para alojar a enorme sede de poder dos Césares, dos Hitlers, dos Átilas, dos Alexandres, dos Napoleões, e dos colonialistas? Orgulhar-se do prevalecimento da lei do mais forte, do mais rico, do mais poderoso, do mais violento, do mais ardiloso, do mais crápula?

É Biafra. É Vietnam. Moçambique. Afeganistão. É a Guerra Mundial. A primeira. A segunda. São milhões de crianças morrendo de fome enquanto toneladas de alimentos apodrecem em porões. São crianças abandonadas. São velhos desamparados.

É o Terceiro Mundo com seus muitos políticos corruptos, arrogantes e prepotentes que sofrem de uma insaciável fome de poder.

É a bomba atômica matando cidade inteiras. É o homem civilizado que tosta seu semelhante em uma cadeira elétrica. É o holocausto. São milhões de irmãos mortos, torturados, humilhados, por serem judeus. E outros, que são mortos por não serem cristãos. São as incompreensíveis guerras religiosas.

É a Inquisição. E isso em nome de Cristo. E é o próprio Cristo morto na Cruz por ter feito o bem e ensinado o amor ao próximo!

Com esse histórico como é possível viver feliz quando há tanta miséria a nos cercar? Pois, mesmo a que não vemos, nos atinge pelas vibrações que emite. Ou você pensa que pode se isolar e viver feliz? Orgulhar-se de quê, então? Orgulhar-se de ser médico, engenheiro, diplomata, técnico, comerciante, banqueiro, advogado, político ou também seja lá o que for? Orgulhar-se de ser alguém que entrega o controle do próprio cérebro aos feitores da senzala global que lhe manipulam a mente e o ensinam a pensar e a desejar conforme os interesses dos todo-poderosos donos da mídia?

Então, é possível alguém orgulhar-se de pertencer à raça humana da forma como ela se encontra?

Nem aqueles animais que classificamos de ferozes comportam-se como nós, os homens "civilizados"!

O que é visto em sociedade reflete o que existe em muitas famílias.

É briga de casais. São filhos desrespeitando seus pais. Pais desrespeitando seus filhos. É falta de tolerância. E se não há paz e harmonia na família, como pode haver paz na sociedade? E se a família vai mal é porque os seus membros estão mal. São pais angustiados que não sabem onde encontrar a paz. São filhos que não sabem onde achar a esperança. E não são as drogas lícitas ou as ilícitas, os amores, o dinheiro ou a riqueza que vão aquietar e dar conforto à mente e ao coração. Não. Não é nada que se possa comprar! É algo que deve ser conquistado.

É a célula que primeiro se degenerou, que perdeu a harmonia com o resto do Universo, a célula que se cancerizou, que deve reverter ao seu estado inicial. É o homem que deve retornar às suas origens.

É o filho pródigo que deve retornar ao lar. E ninguém poderá fazer isso por ele. Isso é algo que cada um por si deve fazer.

Com vontade. Com coragem. Com a mente. Com o coração.

Então, é só então, poderá o homem ter orgulho de ser homem. Aliás, nem orgulho ele vai mais sentir, pois ter orgulho do quê? No coração e na mente de quem retornou às suas origens não há mais lugar para orgulho. Orgulho é um sentimento inferior. Retornar às origens é a cura definitiva.

Capítulo XIX

Autoconhecimento

Mais um dia acabou, ou talvez, esteja nascendo. Isso não faz diferença. Antes de deitar-se, ou então, ao levantar-se, que tal fazer um balanço da sua vida? Levantar-se já preocupado em chegar a tempo ao serviço, enfrentar o trânsito, a poeira, o calor, o frio, o chefe, os subordinados, o trânsito de volta para casa, o jantar, a televisão – e eis você aí! Amanhã, de novo, vai ser tudo quase igual. Esta é a sobrevivência. Dia após dia, uma rotina movida a objetivos mundanos que o impulsionam na direção do obter e ter sempre mais e mais de qualquer coisa.

O que você perderia caso morresse de madrugada? Ou, que falta você faria? Alguma, talvez. Os que ficam chorarão um pouco e é principalmente por eles que vão chorar. Para eles, vai ser mais difícil, mais duro, mais incômodo. Mas, e você? Do jeito que está, que diferença faz você viver mais um, mais dez ou mais cem anos estacionado em uma contínua repetição de um mesmo dia? Você não percebe que não está realmente vivendo? Quando foi a última vez que esteve consigo?

Experimente dedicar a si mesmo uma hora do seu dia, ou pelo menos trinta minutos. Nem que sejam quinze minutos. Somente quinze minutos diários dedicados a você. Nada de correrias, de gritarias, de televisão, de filhos chorando, mulher se queixando, homem esbravejando, cachorros uivando, preocupações do trabalho, saldo bancário e por aí fora. Nada disto tudo. Também, o dedicar-se a si que lhe é sugerido, não é você cuidar de si, tal como fazer a barba, tingir os cabelos, ou fazer as unhas. Não, não é isto.

É, isto sim, você estar com você mesmo. Nem que seja no banheiro. Olhe-se no espelho e se veja.

Se você não dedicar algum tempo a si próprio, vai morrer e nem vai perceber que viveu. Ou melhor, está morto e não sabe. Está perdido na floresta. Está num barco sem rumo.

– Poesia? Talvez!

Mas, não ria, não disfarce. Seja capaz de enfrentar. Ouse! Experimente a sensação de estar consigo. De passar a conhecer-se. De inquirir o seu íntimo mais íntimo. Examine-se. Veja-se de fora. Veja-se como acha que os outros o veem.

Situe-se primeiro na sua casa, depois na sua rua, no seu bairro, na sua cidade, no seu país, no seu continente, no planeta Terra, na galáxia à qual a Terra pertence e, finalmente, no Universo todo. Tudo isso cabe no seu pensamento e com seu pensamento você é capaz de estar em tudo isso.

Mas quem é você? É João? É Pedro? É Paulo? É ninguém!

Dar nomes às coisas e às pessoas não explica nada, não diz nada. Só serve para classificar e catalogar. E nós classificamos as coisas, pois não as conhecemos. Nem a nós mesmos nos conhecemos.

"Mas eu sou João, ou Pedro, ou Paulo! Eu sou alguém! Eu tenho um bom emprego, ganho dinheiro, sustento minha família, tenho amigos, tenho casa e carros, jogo futebol

ou tênis aos domingos, bebo uísque e jogo baralho. Até amantes eu tenho. Sou um ser humano que tem orgulho de si e de suas consecuções!"

Infelizmente, enquanto você continuar a pensar assim, você continuará sendo ninguém. Veja bem: há 150 anos, nenhum de nós, com certeza, estava aqui usando a roupa que veste hoje, e daqui a 150 anos nenhum de nós, com certeza, estará ainda aqui do modo como está hoje. E então: continua sendo importante pra você ser o João, o Pedro ou o Paulo? Você quer viver só 150 anos usando e voltando a usar sempre a mesma máscara, estacionado nessa tragicomédia da vida? Você não prefere evoluir e viver pra sempre? Pois isto está ao seu alcance. É só você saber quem você é. É só você se conhecer.

Pense em você. Dedique-se a si mesmo. Conquiste o seu melhor amigo, o amigo que está dentro de você. Ninguém é melhor companheiro do que ele! Seja um com você mesmo. Enquanto assim não for, você estará dividido, estará contrariando-se, não estará ouvindo sua voz interior. Você não será você. Você será ninguém!

A chave para escapar desse círculo vicioso é a meditação.

Disse Noûs a Hermes Trismegistos:

"Se manténs tua alma aprisionada no corpo, se a abaixas e dizes: eu não concebo nada, eu não posso, tenho medo, não sei o que sou, não sei o que serei – que queres com Deus? Se não te fazes igual a Deus, não podes compreender a Deus, pois o semelhante só é inteligível ao semelhante!" [1]

---

[1] Hermes Trismegistos Corpus Hermeticum. Texto estabelecido e traduzido por M. Pugliese e N. de P. Lima. São Paulo, Hemus, 1974. Cap XI.

Imagine só. Nosso organismo não é mais o mesmo de alguns anos atrás, pois quase todas as suas células vão sendo constantemente renovadas. Mas, apesar disso, você continua sendo o mesmo! É quase um milagre!

Do mesmo modo, nós todos vamos sendo renovados, pois nós todos morremos, mas algo é mantido. Algo que serve para nos dar Unidade. Algo que faz com que nos classifiquemos como Humanidade! Porém...

Muitas vezes sei e não sei o que fazer para libertar-me da condição humana. Confesso-me para os que, igual a mim, já não aguentam mais as coisas do jeito como elas estão. Viver o dia-a-dia com sonhos de poder, de grandeza, de conquista, de vitórias, de derrotas! O dia-a-dia de satisfação dos próprios desejos que se reproduzem quando de sua própria satisfação! Desejos de tudo. De amar, de odiar, de ser amado, de ser odiado. De comer, de beber, de dormir, de trabalhar, de descansar. Desejo de conforto, de bem estar. De felicidade, de paz. Ah não!

De felicidade e de paz não é possível. Só se for uma felicidade pequena e uma paz menor ainda. Pois, como é possível a felicidade se estou preso às amarras do corpo e às suas exigências? Se me encontro em um oceano de tribulações? Felicidade aí só se me obrigar a permanecer surdo, cego e mudo a tudo o que sou e a tudo o que me cerca!

Na maioria das vezes, é só quando você já se tiver saciado das pequenas coisas, que lhe parecem tão grandes e importantes enquanto não as consegue, é que passará, então, a sentir vontade de outras coisas.

Coisas que são bem mais difíceis de serem alcançadas, apesar de estar aí à sua disposição o tempo todo, bastando, para tê-las, estabelecer os canais apropriados. Felicidade, Paz, Alegria, Vida, Harmonia, Luz, Amor. Tudo com letra maiúscula. Para tanto, não há nada que você deva se acrescentar. Deve, sim, é livrar-se do excesso de peso que o prende. Deve transmutar-se.

Isto quer dizer, deixar de ser água para tornar-se vinho. Deixar de ser um metal qualquer para tornar-se um metal nobre. E o primeiro passo é reconhecer que do jeito como está, não está bem! É ter consciência e sentir um grande nojo da situação degradante em que se encontra. Enquanto isso não acontecer, você continuará a ser como os urubus que gostam de comer carniça. E enquanto a carniça for seu prato favorito, esqueça tudo, pois o que quer que você faça não será verdadeiro. Será só uma simulação. É isto: você estará apenas desempenhando um papel teatral. Quem sabe, poderá representar um médico, um arquiteto, um comerciante, um advogado, um engenheiro, um artesão, uma dona de casa, uma secretária ou, quiçá, um padre, um religioso, um pregador, ou até um reformador. Não importa. Será uma representação apenas. Não terá a força da verdade.

O que fazer então? Para começar, preste atenção a tudo o que você faz e ao que sente quando o faz. Seja honesto consigo mesmo. Não minta para você. Analise-se. Observe-se. Mantenha-se desperto. Não deixe que a rotina o massacre. Não deixe que a rotina o entorpeça. Não deixe que o fato de fazer duas refeições por dia seja o suficiente para mantê-lo acomodado e adormecido,

Não deixe que pequenas coisas mundanas o perturbem horas a fio! Deixe de ser igual a uma criança entretida com algum brinquedo que, quando lhe é tirado, grita, chora, se desespera e bate os pés.

Não subordine a sua felicidade ao fato de seu chefe ter-lhe sorrido hoje, ou ter-lhe dado um tapinha nas costas. Ou de ter recebido um elogio falso de um falso amigo. Deixe de perder-se no emaranhado daquelas pequenas emoções que só servem para treinar sempre mais o seu egoísmo.

Lembre-se de que, quando mais você ficar pensando nas coisas que o deixam irritado, mais irritado você vai ficar, pois raiva chama raiva, ódio chama mais ódio e vai seguindo num crescendo até o descontrole originar, não poucas vezes, dramas e tragédias. Então há o retorno ao estado normal e o arrependimento. E o desejo de morrer até, se arrependimento matasse. Exemplos disso são encontrados a cada momento no curso diário da vida.

É no relacionamento irritadiço com os outros, é na raiva descarregada em uma criança por culpas menores, é na agressão física entre marido e mulher, é na discussão violenta que termina até em morte por pequenos problemas de trânsito, e vai por aí afora.

A cada instante há algum fato que nos põe à prova. E para passar no teste, é só você se dar conta de que o que vai acontecer depende de você querer esforçar-se por um mundo de paz e felicidade, ou de você preferir seguir o caminho do descontrole, da explosão, da destruição. Destruição do que o cerca e destruição de quem o cerca. Destruição sua também.

Quando você é espectador do que se passa com os outros, com muita facilidade você lastima o fato de alguém deixar-se levar a extremos por coisas insignificantes. Porém, quando você se torna o ator da cena, então você é capaz de achar mil e uma justificativas.

Que vergonha! Comece a parar de justificar seus erros, suas falhas, suas mesquinharias!

Não se justifique!

Não se justifique para os outros, e nem para si mesmo! Mas, primeiro você deve perceber que está errado! Se não, vai ser impossível qualquer coisa. Você vai viver no escuro e achar que está na luz!

É como um câncer! Você pensa que está bem, pois não sente dores, não tem febre e sente-se bem disposto. Enquanto isto, o câncer sub-repticiamente vai crescendo e se espalhando.

E quando você se dá conta, já é muito tarde. Prevenir teria sido bem melhor.

Na alma passa-se o mesmo. Você não quer ouvir a sua voz interior e, assim, acaba tornando-se um instrumento de guerra, de ódio, de ofensa, de discórdia, de dúvidas, de erro, de desespero, de tristeza, de trevas, de morte!

É o que você quer? Então continue do modo como você está. Mas, se você quiser melhorar-se e melhorar o mundo em que vive, então, paute todos os seus atos nas relações com seus semelhantes pela regra de ouro: Amar aos outros, como a si mesmo! Você é quem decide. A opção é sua. Só sua!

No fundo, você sabe que é infeliz, sabe que não está cumprindo ainda seu papel no esquema do Universo. Às vezes, você gostaria de gritar, de implorar, de suplicar ajuda e forças para sair desse pesadelo. Outras vezes, não.

É quando você está começando a adormecer novamente. Por isso, quantos mais pensarem e agirem de forma esclarecida, tanto melhor será para todos e para você, em especial, pois mais irmãos o manterão alerta quando você sentir cansaço e vontade de cochilar.

Parece fácil agir certo, mas não é. Assim, é frustrante surpreender-se falhando aos próprios propósitos e boas intenções, feitos com determinação até! Mas é assim mesmo.

Quantas vezes alguém que fuma já não prometeu a si mesmo e aos outros que iria parar de fumar? E uma vez mais voltou a fumar!

Quantas mulheres já não se prometeram iniciar o regime de emagrecimento na próxima segunda-feira? E isto continua a repetir-se a cada domingo! E a quantas atitudes erradas isso não se aplica?

Querer agir de uma forma correta, digna, superior, parece tão fácil! Mais fácil ainda se você estiver julgando e ajuizando os outros. Porém, como tudo muda quando começa a ação, o teste, a prova!

Se puder ter consciência de suas falhas e da sua pequena força de vontade no momento em que falha, já será algum progresso. Pequeno, muito pequeno, mas será o início de um passo. Só o início.

Para haver marcha evolutiva será necessário o querer evoluir, nascer, não só da cabeça mas de todo o seu ser, ou melhor, do mais íntimo do seu ser. Só assim conseguirá atingir qualquer objetivo. Tudo! Até a cura do câncer. A reversão do processo oncogênico. Mas não se esqueça: primeiro você deverá ter atingido a maestria no controle do seu querer, da sua vontade.

Enquanto isso, a medicina tentará ampará-lo com tudo o que pode, à espera que você faça a sua parte! A parte mais importante!

E quando você começar a despertar, você será mais livre. Livre de não mais sentir vergonha do que quer que faça, pois seus padrões não serão mais os padrões comuns. Pequenas e grandes coisas terrenas não mais o afetarão. E nada do que você fizer será sem importância. Nada.

Você, agora, vai estar vivendo!

Respirar, para você, já não será a mesma coisa. Você respirará o Universo e será Uno com ele.

Você finalmente vai saber quem você é!

Capítulo XX

Meditação

Meditação é um processo que consiste em você introverter a sua consciência para comungar consigo mesmo. É a comunicação do seu "Eu Exterior" com o seu "Eu Interior". Acontece quando criatura, criação e Criador se tornam uma Unidade.

Meditação não é concentração e não tem nada a ver com religião. Também não deve ser confundida com contemplação ou com visualização curativa.

A meditação e a visualização curativa tem em comum a fase inicial de relaxamento autógeno. Depois disso, ou se prossegue com a visualização curativa para o restabelecimento da energia vital ou então se prossegue tentando atingir um estado alterado de consciência onde se busca a vivência da Unidade.

Meditação é para a alma enquanto que a visualização curativa é para o corpo. Para atingir o estado meditativo, o corpo e a mente devem ser deixados para trás.

Muitos são os que acham que estão praticando meditação, mas, pouquíssimos são os que conseguem realmente vivenciar o estado meditativo, pois este não depende apenas da execução de alguma técnica. Além da técnica, depende de um trabalho ativo que provoque profundas mudanças interiores e da vivência do mais sublime amor, pois é o amor a força que impulsiona o ser para um estado de consciência onde ocorre a fusão e a perda no Todo. E isso requer muita coragem!

Inicialmente, para meditar, você vai ter que criar o ambiente. Isso equivale a aquecer-se para executar algum exercício físico. Só que nesse caso você fará um exercício mental. Você ira harmonizar-se, isto é, irá fazer com que sua mente comande todo o seu corpo a vibrar numa mesma frequência. Depois, você vai elevar essa frequência a níveis sempre mais altos. Assim procedendo, você despertará o Mestre que há em você e receberá inspiração sempre mais sublime.

À medida que você progredir, menor necessidade de criar o ambiente você terá. Seu estado de ser se tornara meditativo. Será como respirar: um ato natural e vital. Mas no início, não. O começo será difícil, mas só com dedicação e esforço se atingem os mais importantes objetivos.

Das muitas técnicas de meditação existentes, sugiro que pratique inicialmente a descrita a seguir e que compreende três fases fundamentais: a fase de relaxamento físico, a fase ativa de emoções e sentimentos, e a fase passiva ou intuitiva, onde não há mais sucessão de estados de consciência.

No começo, dedique pelo menos dez minutos a cada uma dessas fases, depois passe a dedicar a cada fase o tempo que você puder e desejar.

Para relaxar, escolha um local e um horário que lhe sejam convenientes e assegure-se de que ninguém irá incomodá-lo. Em seguida, em um quarto silencioso, com pouca luz ou com luz de vela, sente-se confortavelmente em uma cadeira, com o tronco ereto, os pés ligeiramente afastados e as mãos repousadas sobre as coxas, com as palmas viradas para baixo. Desaperte o cinto, afrouxe o colarinho e tire o relógio. Se você usar óculos, tire-os também.

Deixe uma vareta de incenso do aroma de que você gostar – rosa, jasmim, sândalo ou outro qualquer – queimando, se isto não lhe causar ardor nos olhos e lacrimejamento.

Em seguida, feche os olhos e preste atenção à sua respiração. Sinta o ar entrando pelas narinas. Sinta o ar saindo dos pulmões. Lentamente. Junto com o ar, sinta a energia vital entrando e saindo.

Você sabe que a sua energia vem do alimento que come, da água que bebe e do oxigênio que respira. Saiba que também sua mente, seu raciocinar, seu cérebro com seus pensamentos, é fonte importante de energia.

Quanto mais você estiver consciente disso, mas essa energia o revigorará. Portanto, respire lentamente e visualize seu corpo sendo revitalizado por essa energia sutil focalizada através do seu pensamento, em cada um dos seus membros, em cada um dos seus órgãos.

Inspire e expire. Profundamente. Lentamente.

Permaneça nesta fase até sentir as pálpebras relaxadas; os músculos das pernas, dos braços e do tronco, relaxados; sua mandíbula ligeiramente caída e formigamento leve nas mãos e nas plantas dos pés.

Uma sensação de estar se tornando mais pesado ou de estar aumentando de tamanho poderá ocorrer-lhe às vezes. Não se assuste: é sinal de que você está fazendo o exercício de relaxamento corretamente.

Se lhe der vontade de se coçar ou de tossir, não se reprima: tussa, alivie-se e recomece, com calma, sem tensão, sem ansiedade.

Procure sentir somente a sua respiração e pensar na energia que está infundindo todo o seu corpo.

Continuando com o mesmo ritmo respiratório, passe para a fase seguinte.

Naturalmente, com sinceridade e do mais fundo do seu coração, perdoe a todos que o tiverem ofendido e perdoe-se por ter ofendido os outros, seja por palavras, por gestos, por atitudes, por pensamentos ou por omissões.

Nesta fase ativa, de emoções, dedique-se a pensar em sentimentos altruístas. Pense no Amor. Pense na Felicidade, na Paz. Imagine um mundo melhor, sem guerras, sem ódio. Emocione-se com a Fraternidade. Emita vibrações de Paz, de Amor, de Saúde, para toda a humanidade.

Em seguida, você deve abandonar qualquer tipo de pensamento e passar para a terceira fase: a fase passiva, o despertar da intuição. Agora, não pense absolutamente em mais nada. Respire normalmente, fique atento apenas à sua inspiração e expiração e – deixe acontecer.

Se alguma sensação de desfalecimento, ou algum medo do desconhecido se apossar de você, e você desejar que isso não prossiga, é porque você está muito apegado à terceira dimensão e não está pronto.

Pratique isso e certifique-se por si mesmo do seu valor tornando-se você também um artífice responsável por um mundo melhor.

Tudo o que você precisa fazer é dedicar alguns minutos do seu tempo, diariamente, a esse processo de harmonização.

E aos poucos, pode ser que você consiga dar o grande salto para uma dimensão sem limites de tempo e de espaço.

Capítulo XXI

Concordâncias

As verdadeiras escolas não são aquelas que ensinam ao aluno respostas-padrão, mas, sim, aquelas que ensinam ao discípulo como encontrar suas próprias respostas aos seus mais cruciantes problemas. Dentre as escolas, há uma constituída por um grupo de homens e mulheres dedicados à investigação, ao estudo e à aplicação prática dos princípios e leis naturais universais, que é a Ordem Rosacruz, internacionalmente conhecida como AMORC (*Antiga e Mística Ordem Rosae Crucis*), Fraternidade Mundial sem tendência política, sectária ou dogmática. O objetivo da AMORC é capacitar o homem a viver melhor consigo mesmo e no mundo, através de uma compreensão maior da relação entre a mente humana e a Mente Universal.

Pela seriedade dessa Ordem, cujas origens remontam a muitos séculos, creio ser útil e pertinente citar o que ela pensa a respeito de doença e pobreza:

"O homem é um ser mental perfeitamente capaz de fazer existirem ou acontecerem coisas e situações em sua vida.

A própria natureza o provê de uma energia que é superior a qualquer outra energia física manifestada no Universo: o Poder Criador da Mente!

Porém, o simples fato de ser potencialmente criador não garante que ele saiba se utilizar desse potencial de sua mente com o discernimento necessário. E também não impede que – por absoluta falta de informação e de domínio sobre seu próprio Ego – o homem crie o seu infortúnio. Isso acontece com frequência maior do que o desejável, porque o poder criador se manifesta a partir da atitude mental de cada um.

Quando a atitude mental é positiva e bem treinada, o homem cria sucesso. Mas quando é negativa e descontrolada, o homem fatalmente cria fracasso, porque as atitudes negativas da mente consciente carregam mensagens verdadeiramente destruidoras para a mente subconsciente, que as executa sem questionar. E assim, o homem tem aquilo que pediu, esteja ele consciente de tê-lo feito ou não.

Se o homem utilizasse melhor o potencial de sua mente, saberia que pode recorrer às forças da natureza para atuarem em seu favor, e ficaria surpreso ao constatar as mudanças provocadas em sua vida.

Saberia que a pobreza e a doença não são virtudes, mas consequências de energia mental mal direcionada.

Não mais culparia Deus por suas próprias misérias.

As pessoas precisam aprender a criar conscientemente o que desejam. E, tanto quanto possível, evitar criações mentais espontâneas – baseadas em atitude mental negativa e pessimista – que tragam à realidade situações e coisas indesejáveis."

A seguir, algumas frases que podem ajudá-lo a fazer evoluir a sua consciência. Apesar de citarmos os autores dessas reflexões, é oportuno lembrar que como encerram verdades eternas da Mente Universal, foram elas intuídas e proferidas não só por um, mas por muitos pensadores e filósofos.

O erro básico do homem está na ignorância
de sua verdadeira natureza e tal ignorância
leva a valores falsos e efêmeros.
Sócrates

Tudo que o aflige é apenas você próprio,
pois você está inimizado consigo mesmo.
Jacob Boehme

A auto-observação leva o homem à compreensão
da necessidade de que se transforme.
E ao observar-se, o homem percebe que
a auto-observação, por si só, ocasiona determinadas
modificações em seu funcionamento interno.
Começa a entender que a auto-observação constitui
instrumento de auto-transformação, um meio de despertar.
George Gurdjieff

Ninguém na Terra pode fazer-lhe o bem, só você próprio;
ninguém pode prejudicá-lo, só você próprio.
Vernon Howard

Tenha confiança em si mesmo!
Tenha confiança em suas aptidões.
Sem uma confiança simples, porém sólida,
em suas próprias forças, você não poderá ser
coroado de êxito e nem ser feliz.
Norman Vincent Peale

Reconcilia-te com todas as coisas do céu e da terra.
Quando houver a reconciliação com todas as coisas
do céu e da terra, tudo será teu amigo.
Quando todo o Universo se tornar teu amigo,
coisa alguma do Universo poderá causar-te dano.
Masaharu Taniguchi

Você é o capitão de sua alma e o senhor do seu destino:
nunca diga que não pode fazer alguma coisa!
O que quer que sua mente consciente acredite ser verdade, o
seu subconsciente aceitará e fará com que se transforme em
verdade mesmo!
Joseph Murphy

O que existe em baixo é como o que existe em cima,
e o que existe em cima é como o que existe em baixo,
para que se realize o milagre de uma só coisa.
Hermes Trismegistus

Um pensamento bom perpetua-se num
poder benéfico e ativo; um pensamento mau
perpetua-se num demônio maléfico.
Koot Hoomi

*Todo conhecimento que buscas apenas com o fito de
enriquecer teu saber, de acumular tesouros em ti,
te desvia de teu caminho; todo conhecimento, porém,
que buscas para avançares no caminho do enobrecimento
humano e da evolução universal leva-te um passo adiante.*
Rudolf Steiner

*O maior dos ensinamentos é o conhecer-se a si mesmo, pois
quando o homem conhece a si mesmo, ele conhece a Deus.*
Clemente de Alexandria

*Homens que são produto do meio são homens pequenos,
minúsculos e imperfeitos.
Se vocês pretendem um Mundo Melhor,
é necessário que homens melhores sejam preparados,
pois o meio é produto do homem e não
o homem produto do meio.
Modifiquem o homem e o Homem modificará o meio.*
Celso Charuri

*Senhor, fazei-me um instrumento de Vossa paz.
Onde houver ódio, que eu leve o amor,
onde houver ofensa, que eu leve o perdão,
onde houver discórdia, que eu leve a união,
onde houver dúvidas, que eu leve a fé,
onde houver erro, que eu leve a verdade,
onde houver desespero, que eu leve a esperança,
onde houver tristeza, que eu leve a alegria,
onde houver trevas, que eu leve a luz!
Mestre, fazei que eu procure mais*

consolar do que ser consolado,
compreender do que ser compreendido,
amar do que ser amado.
Pois é dando que se recebe,
é perdoando que se é perdoado,
e é morrendo que se vive para a Vida Eterna!

Francisco de Assis

Ama o próximo como a ti mesmo.

Jesus, o Cristo

contato@renovagraf.com.br
Fone:(11) 2667-6086